谨以此书献给

东南大学115周年校庆！

建筑学院 90周年院庆！

知行合一 · 至善至新

PRATICE WITH KNOWLEDGE, SELF-IMPROVEMENT WITH INNOVATION

——东南大学建筑学院学生课外自主研学创新实践活动成果

东南大学建筑学院学生联合会　编

东南大学出版社

致谢
Acknowledgement

历时半载，书稿终成，掩卷思量，饮水思源，在此谨表达我们学生联合会的诚挚谢意。

首先，本书撰写需要大量课外活动和社会服务的实例，感谢历年来积极参与其中的广大同学，包括各个学生社团、竞赛代表队、社会实践团体、党支部等成员们，更要感谢东南大学建筑学院长期以来对于我们学生活动的大力支持和悉心指导。

其次，这些丰富多彩活动的成功举办，离不开各社会团体、机构以及广大校友的大力支持。感谢东南大学数字运算所、万科南京公司、四川省广济镇镇政府、安徽广德县政府、浙江余姚市政府、南京金宸建筑设计有限公司。感谢小小建筑师公益团体以及南京市玄武区翠竹园社区、南京市玄武区成贤街社区、贵州高芒村委会对小小建筑师活动的支持。感谢南京大学建筑学院、同济大学建筑学院、中国美术学院建筑学院等兄弟院校对多校交流系列活动的支持。

最后，本书囊括了同学们特色鲜活的海内外游学经历，在此非常感谢GAD、GOA、联创国际、东南大学建筑设计研究院有限公司等企业对同学们提供的游学基金资助。

感谢为了本书的编写工作付出大量时间和精力的学生联合会成员们，你们认真负责的态度与精益求精的精神成就了本书的高品质。

感谢为全书作序的王建国院士和韩冬青院长。感谢党委副书记、副院长李向锋老师，建筑系朱渊老师、鲍莉老师、朱雷老师，学生办公室周明阳老师，东大出版社戴丽副社长等，在你们的指导下本书得以付梓。

东南大学建筑学院学生联合会

2016 年冬，于前工院

目录
Contents

序一
Preface

建筑学是一门历史悠久、兼具工程技术和人文艺术特点的基础学科。随着中国快速城市化进程，建筑学专业办学发展空前繁荣。目前，中国拥有建筑学科的院校超过了 270 所，其中 60 所建筑院系通过了建筑学本科专业教学评估。同时，中国也已经加入了建筑学专业教育评估国际互认的《堪培拉协议》。然而，中国建筑学专业办学也存在一定的问题，其中学生自主学习和办学特色缺乏比较具有普遍性。

事实上，建筑学教育目标不仅在于建筑自身的设计与创造力的培养，更在于对学生知行合一的素质和能力的培养。作为一门与社会生活密切相关的应用学科，建筑学专业知识在课堂的理性呈现和课外的知识延伸，成为学生可以进行自我认知、自我研学、自我实践的重要途径。放眼世界，建筑学专业培养的人才正越来越多地在各种跨界领域显示出自身潜力和成就，尤其是与媒体、服装、平面、装饰、摄影、雕塑等艺术与技术结合的领域。东南大学建筑学院多年来一直鼓励学生走出课堂、足行天下。鼓励同学跨界展示才艺、自主学习、自主创新是东南大学建筑学院多年来关注同学德智体美全面发展的重要举措。本书就是学生课外活动成果的系统梳理和呈现，这些成果饱含着同学的聪明才智和旺盛热情，他们对各种课外活动和事件组织的忘我投入和创意表达，展现了他们多姿多彩、青春无敌的能量和操作担当。学生们所取得的丰硕成果，使我们理解从实践走向社会的建筑学的重要意义。当今，在数字技术突飞猛进、知识迭代更新日益加快的背景下，建筑学未来的学科发展不确定性也正日益增强。在这种背景下，鼓励多元化、多维度和全方位培养同学从专业内到专业外的自主创造和知识融通及综合能力无疑具有重要的意义。

当下的建筑学教育，早已走出了学院派的"象牙塔"。1919 年，格罗皮乌斯创立的"包豪斯"构筑了建筑学与工业化和社会生产实践结合的现代建筑教育体系，同样具有实效的现代建筑设计教学的理念还来自"德州骑警"的重要贡献。东南大学建筑学专业人才培养，从我们这一辈接受的巴黎美术学院教育模式，到借鉴苏黎世联邦理工大学过程教学法的理性方法，再到今天对建构、建造和对城市尺度的设计关注，越来越多地表达出开放、交叉和多元的建筑教育理念。东南大学的建筑学教育，从老一辈刘敦桢、杨廷宝、童寯先生开始，到今年正好经历了九十年的蹉跎岁月。如何培养适合 21 世纪的建筑学人才，如何在建筑学领域拓展教学、研究与生活之间的关联意义，如何在"双创"的国家背景下激发学生自主学习与研究的能力，成为东南大学建筑学院密切关注与探索的方向。学生通过课堂学习专业技能，关注真实的社会需求和生活场景，借助媒体时代的动力，"微筑"生活，"建春"校园。他们在薪火相传的受教中，足行天下，回馈社会。他们以一种建筑学的自主性，探索适应于不同时代的研学志趣。也许，这将成为新一代建筑学教育的重要目标，也会成为同学自己所拥有的终身财富。

最后，恭祝东南大学建筑学院 90 周年华诞。

全国高等学校建筑学学科专业指导委员会主任
中国工程院院士
东南大学建筑学院教授
2016 年冬，于健雄院

序二
Preface

这个集子由东南大学建筑学院的同学自主策划和编辑，记录了近年来同学们课外自主研学和创新实践活动的足迹。首先向同学们在课外自主研学中取得的丰富成果和这本集子的出版致以热烈的祝贺！

翻阅这本集子，不仅可以感受到同学们在创新创业的活动中所释放出来的蓬勃朝气和新鲜活力，也能阅读出这些自主研学活动突出强调服务社会与能力增进有机结合的鲜明特点。不同类型的工作坊丰富多彩、琳琅满目，从校内到校外、从城镇到乡村、从实体到虚拟、从建筑到文创、从经典到前沿，展现了同学们思维之活跃、才艺之出众、足迹之辽阔。作为老师，在感受学子们的创造力量的同时，也从中汲取到积极的启示。建筑学、城乡规划学和风景园林学都致力于为人类建设可持续的美好家园，都是具有鲜明的实践性特征的学科和专业。建筑人才不仅要有扎实的知识和技能，更重要的是要有服务社会的情怀和担当，要具有持续的创新能力。这样的担当和能力的训练一部分来自于课堂，而更多的却来自于课外的探索和磨砺，这种课外阅历所培植的能力和问题意识又进一步促进课程学习的动力与效率，从而形成一种互动的成长过程，并为我们的终身学习、服务和创新打下牢固的基础，正所谓"知行合一，至新至善"。

古人有云"读万卷书，行万里路"，又云"功夫在字外"，这既是有效学习的策略智慧，也是情怀与才智融贯一体的人生境界。祝愿同学们在社会和时代的大舞台上结出更加丰硕的成果！

东南大学建筑学院教授、院长
2016 年冬，于中大院

Media Age
媒介时代

建筑与影像
《光辉之城》
《浮生素记》
《韶韶》
《步履不停》
建筑学院线上课堂

建筑与纸媒
《节点》
《筑研》
文创作品

建筑与服饰
建筑时装秀
文化衫

建筑与灯光
点亮中大院
再渡进香河
光之迷宫

建筑与数字
数字化生成小品
交互式展览布展

多元媒介视角下的建筑认知

Cognitions on Architecture upon Multi-Medias

文 \ 陈宇龙　建筑系 2013 级本科生

建筑可以以何种方式被认知?

在建筑的概念诞生之时,这个问题的答案是确定的。图纸、模型进而到真实的建造,所有对建筑的理解和认知,从一道道简单的笔触开始。而随着时代的快速变迁,问题的答案也愈发丰富。在当今多媒体时代,随着媒介视角的不断增加,建筑的认知方式也愈发趋向多元化。不断有更立体、生动、具象的元素被提取出来,成为人们直观的感知内容。

在媒介多元的大背景下,我们秉承着"传承创新"的建筑意识,不仅在课程体系内的学习上开拓创新,更在课堂之外展开了独立自主的研学。纸媒、服饰、灯光、数字、影像,涵盖了我们的课外研学成果的各个方面,更是当今建筑多元化认知的线索。

文字,是图纸认知方式最直接的延伸。纸媒的介入,使人们对建筑的主观认识得到客观的表达。我们在这一领域的研学已小有成就:学术研究"软设施"《筑研》、工作生活"万花筒"《节点》,用文字描述了建筑学院特色文化。而以建筑元素为设计概念的明信片、扑克牌、日历等文创产品,则宣传了我们对建筑的独特的理解。

人,作为客体和受众,通过转译和传播,让建筑融入平常生活,成为我们衣食住行中的一部分。我们将建筑元素融入时装设计就是一个很好的例子。小到一张有趣的手绘线稿,大到一座值得瞻仰的大师建筑,经建筑学院学子之手,即成为一件服装主打的标识,建筑元素和建筑生活也在此时交叉。不论是走秀台上的时装,还是日常生活的文化衫,其间纹样和造型都是鲜活的建筑。

当光线、色彩、声音介入时,建筑与动态元素的碰撞更是一幅精彩的画面。建筑学院学子尝试着纳入光影变化,将其与建筑的表现融为一体。班级活动"点亮中大院",以中大院为纸,光影为墨,绘制了一幅精美的动态画卷。在"再渡进香河""光之迷宫"的活动中,同学们对光与建筑关系的拿捏也恰到好处。不仅增强了对光线的感知,也通过光这一媒介展现了建筑独特的一面。

数字化,这个词预示着建筑概念将发生前所未有的扩展,给建筑学带来了新挑战和新未来。建筑学院的同学们对未来数字互动建筑可能发展方向做出了自己的思考,专精于此的研究生们更是寓学于乐。在课程之余,他们用代码和机器描绘着脑海中多维

度的画卷，制成了一系列建筑数字化成果。除此之外，在展会的策划和布置上，同学们也娴熟地运用相关技术，高效而精确地完成了任务。

影像多媒体以丰富精彩的方式将建筑教学、建筑设计、建筑周边环境乃至建筑生活的方式纳入了可表达的对象。同学们在这个方面开展的实践也是丰富而深刻的。群像采访集点成面反映建筑学院百态，教学讲座简明扼要地阐述教学理论，微电影、纪录片更是从纪实、艺术不同的角度反映着建筑学院的生活和建筑学院学生们的种种历程。最后的成果通过微信、微博等平台发布，在互联网上广为流传。在更多人看到我们建筑学院的同时，我们自己也触及了当代独有的建筑认知方式。

我们不曾想到，过去图纸上简单的一笔会衍生多少东西。文字描述、融入生活、动态元素介入、多媒体互动表达……这个时代下的建筑认知是复杂的，也是多层次的。而我们始终紧跟步伐，秉承"止于至善"的校训，在这看似纷乱的环境里不断探索，不断突破，描绘着一幅当今时代下建筑样貌。时值东南大学建筑学院建院 90 周年院庆，我们邀请您细赏多元媒介视角下的建筑认知，也邀请您和我们一同感受，东南大学建筑学院学子独特视角下的媒介时代。

建筑与影像
Architecture & Films

建筑，以实体构建生活，于光影流转的岁岁年年舞动生命；电影，以光影虚拟万象，于虚实冲撞的分分秒秒刻印时光。建筑，是沉默的哲人，一张面孔，恒久流传；电影，是善辩的诗人，万千气象，律动无息。建筑与电影，同为艺术，却分属不同的门类，若即若离。

建筑学院，蕴藏着无数不甘于拘束的心。我们习惯创新，不愿拘泥；我们习惯探索，不愿停息；我们习惯独立，不愿倚靠。2013—2016 年，四年光阴，三部影片，三重视角。这是我们的生活，这是我们的青春，这是我们的热情。

《光辉之城》
Metropolis

时　间：2013 年 11 月 3 日至 12 月 28 日
地　点：东南大学四牌楼校区
参与者：东南大学建筑学院 2011 级至 2012 级本科生

视线以上的城市

怀揣梦想，保持热情，共筑光辉之城。

本片讲述了柯小布进入建院后发生的故事，反映了普通建院人在生活中所遇到的失意挫折。最后引出头顶的那片"光辉之城"，试图告诉大家我们所做的点滴小事都有意义。希望每一个建院人都能怀揣着热情与梦想，克服困难，继续走下去。

电影海报

制作过程

机位	镜头绘制	台词注释	备注

设计手稿

2013.11.3　　剧本梗概确定
2013.11.17　剧组进行招募
2013.11.20　主角面试
2013.11.21　剧组正式成立
2013.11.22　正式开机拍摄
2013.12.19　进入剪辑阶段
2013.12.24　剪辑基本完成
2013.12.25　视频整体成型
2013.12.26　最终校对
2013.12.28　建筑之春首映

主创心声

我一个人只能做一栋房子，但我们一群人却可以创造一座城市。

拍摄这部微电影的初衷是希望表现建院人在前工院这一方小小的土地，用自己的青春和努力，所构筑出的梦想与理想，建立起那座光辉的城市。

后来，我们组织起了一群有着共同目标的人，我们暂时脱离了模型和图纸，一点一点摸索着开始了电影拍摄这一新的尝试。作为主创，我们在这个过程中遇到了许多的困难，条件简陋，缺少人手，资金紧缺，在每一个阶段都会有不同的问题出现，在不断地遇到问题、解决问题的磕磕碰碰中，我们终于完成了这件事，我们尽自己所能呈现出了这样一部作品。

《光辉之城》的完成，给我们自己交了一张答卷，也希望给建院人一个满意的成果，这部影片和设计课一样，代表了我们的青春和热情。

电影片段

《浮生素记》
The Days I Miss

时　　间：2014 年
地　　点：东南大学四牌楼校区
参与者：东南大学建筑学院 2011 级至 2013 级本科生

建院方圆

东南建院学子学习、生活的真实写照。

东南大学建筑纪录片再出发，七组成员，日夜兼程，记录东南大学建筑学院生活的方方面面。向人们呈现建筑生独特的大学生活和专属于他们的苦与乐。

纪录片剧照

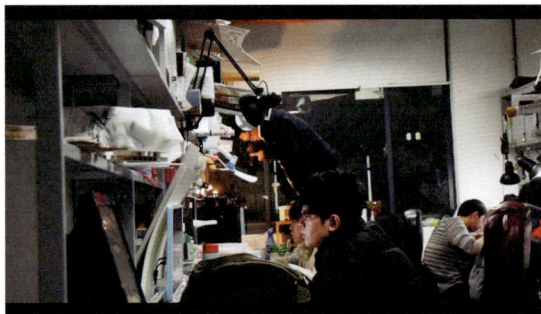

素记回响

我们的五年在这里，我们的青春在这里。

我们都会经历这样的生活，甚至妥协于这样的生活。我们整日劳累，琐事不断，和方案作伴，与睡眠绝缘；我们通宵达旦只为老师的一次点头；我们倾尽心血只为追寻最初的那份建筑梦想。我们也曾抱怨过，甚至逃离过。

生活中没有旁观者，我们有权利去经营和热爱我们自己的生活，我们必须去做我们爱做的事，爱我们爱着的人。过去珍爱的绘画着风景的速写本，虽被尘封，但掸走灰尘还能展开笔下山河；当初狂热于挥洒汗水的篮球，今天年少依旧，有何借口不再穿起战袍恣意奔跑飞扬；想要阅读的书籍，何不轻轻地翻开；长久思念的故友，何不暖暖地问候；年少时怀抱成为演员的梦想，多幸运在建院处处有我们的舞台……设计课不是生活的全部，保研和绩点也不全是我们生活的目的。建院五年，陪伴我们的不该只是那些死气沉沉的方案图纸，还应该有我们身边那些活生生的建院伙伴，有属于我们自己的生活。

纪录片海报

《韶韶》
History of Mine

时　　间：2015 年 11 月 10 日至 12 月 27 日
地　　点：东南大学四牌楼校区
参与者：东南大学建筑学院 2011 级至 2015 级本科生

韶　韶
STORY OF MINE

林卓文/王子睿/王 旋
东南大学建筑学院群像访谈片 2015

影片海报

影片简介

回首过去，思考变化与未来。

《韶韶》是 2015 年建筑之春的主题视频，是围绕建筑之春主题"你"而进行的访谈类微电影。影片以建筑学院的老师、学生为采访对象，讨论建筑人如何看待建院的学习和生活、建筑行业、建院人自己。

制作过程

2015.11.10	确定主题"你"
2015.11.17	确定参演人员
2015.11.20	准备采访问题
2015.11.24	各组试验采访
2015.12.01	正式采访开始
2015.12.15	各组采访结束
2015.12.16	挑选采访素材
2015.12.17	剪辑后期处理
2015.12.27	建筑之春首映

建院，我们发声

从一个新的生活角度，重新思考你的世界。

关于这个世界，我们有一些想法，关于我们自己，我们有一些主见。我们想让建院人的思想交流碰撞出火光，让我们在一起的这一年时间演化至最饱和的形态，把所有值得的记忆都留在舞台和荧屏上。我们在把酒言欢。建院的生活，就像一个现代混沌的世界，我们不分昼夜地思考建筑、城市和景观的命题，然后整理和表达，在无尽的黑与白之间摸索空间与城市本质的脉络，在黑白图纸上绘制理想的乌托邦。思考中的我们不断地扩大着世界的边界，于是思考越多，边界上的未知也越多。有的人沉溺在世界中心，意识不到边界的问题；而有的人游离在边界周围，迷惘的时候遗忘了出发的中心点。

木构建筑工作室主持建筑师　柏南

建筑学院党委副书记、副院长　李向锋

规划教师　易鑫

联创曼景工作室主持建筑师　吴海龙

联创国际设计集团总建筑师　钱强

翠竹社区互助中心理事长　吴楠

《步履不停》
Wouldn't It Be Better

时　　间：2016 年
地　　点：东南大学四牌楼校区
参与者：东南大学建筑学院 2012 级
　　　　　至 2016 级本科生

制作过程

2016.10.30　　视频主题梗概确定
2016.11.06　　剧组成员开始招募
2016.11.13　　主角面试
2016.11.17　　剧组正式成立
2016.11.18　　正式开机拍摄
2016.12.18　　预告片公布
2016.12.19　　素材拍摄结束
2016.12.23　　视频剪辑完成
2016.12.24　　最终校对
2016.12.24　　建筑之春首映
2016.12.25　　视频全网发布

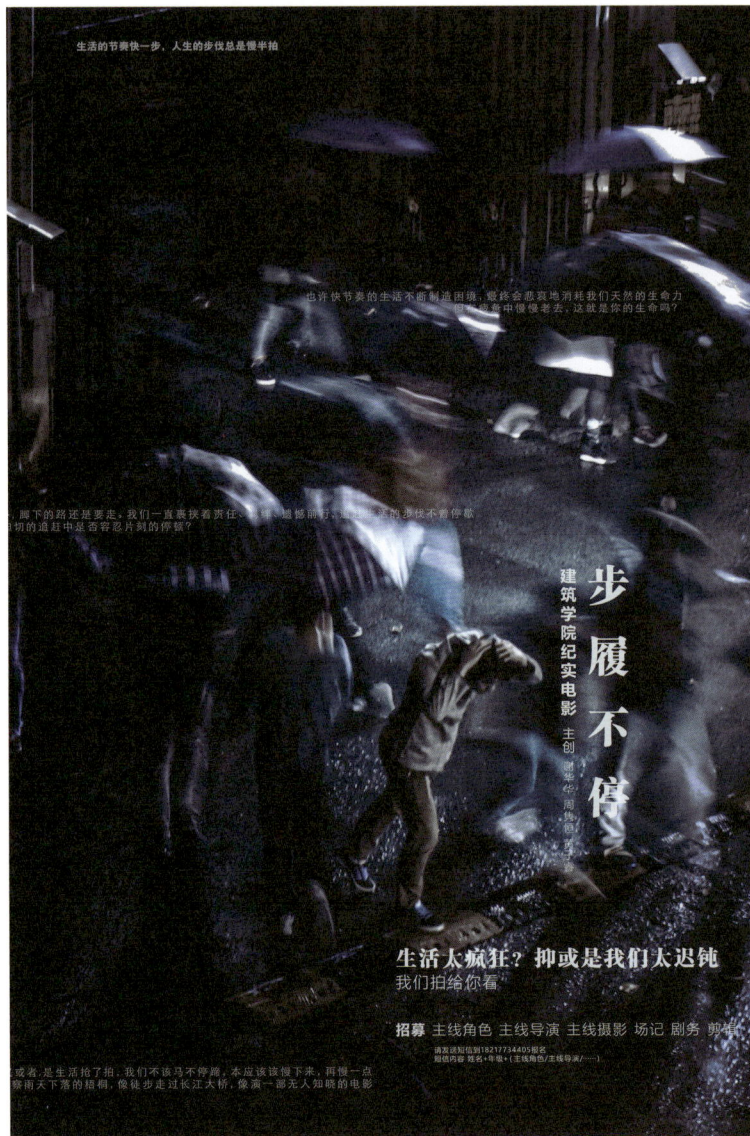

宣传海报

生命不止

生活的节奏快一步，人生的步伐却总是慢半拍。

我们活在这个世界上，面临着生活的多个方面，似乎有些难以应付。连日熬夜设计仍然交不出方案，答辩前一天的托福考试，使用软件依然笨拙，绩点比预期来得差，永远睡不够，答辩恐惧症，看不完的柯布西耶全集，画不完的平立剖图，和家人亲密不同往日、和老友渐行渐远，珍贵的东西一一脱手而去，担忧前程，无法自我认同……

本片作为建筑学院首部生活纪实电影，我们选取了5位生活节奏、生活方式完全不同的主角，通过一个多月的生活跟拍，记录了他们生活中的各种忧喜，并试着与观众交流一个主题：到底是生活太疯狂，抑或是我们太迟钝？观众能够从五位主角的故事影射到自身的生活，在属于自己的路上步履不停地走下去。

建筑系大一新生　毛一

话剧导演　梁国杰

杨氏太极拳会长　曹一鸣

杨氏太极拳会长　曹一鸣

文艺部副部长　张柏洲

风景园林系大三学生　陈豪

1.-3. 拍摄过程
4. 邀请函
5. 涉及内容
6. 微信推送

建筑学院线上讲堂
SEU Archtalk

时　间：2016 年 4 月至今
参与者：东南大学建筑学院 Archtalk 制作团队

讲堂简介

建筑学院线上课堂是东南大学建筑学院研究生会和学生会共同制作的系列网络演讲。

邀请嘉宾包括但不限于东南大学建筑学院的教师和客座教授，他们在这里分享研究和教学过程中的思考。讲座全程由团队成员策划、录制和制作。我们想摆脱冗长单调的讲座形式，借鉴 TED Talks 的模式，鲜明有力地向观众传递思想，并借网络的力量更加广泛地传播出去。

筹备过程

由团队成员共同筹备，分工明晰，涉及前期准备、拍摄、剪辑、推送等过程。

策划准备： 联系可能的演讲嘉宾，递邀请函；确定嘉宾并商定演讲主题。

拍摄： 与老师确定时间后，在建筑学院教学楼的展厅、中庭或学生自己建造的教室等地进行拍摄。演讲时间一般为 15 分钟左右，拍摄大约需要 2 个小时。

剪辑： 宣传部的同学负责视频的剪辑工作，心理部的同学负责字幕编辑和其他文字工作。

推送： 在建筑学院官方微信平台"中大院"以及"东南建筑研究生会"上同时推送。

成果呈现

线上课堂由微信平台推送的形式呈现，分别在"中大院"与"东南建筑研究生会"的公众号推送。

2016.04.08
主题：传统与创新
演讲人：Marco Trisciuoglio

2016.06.11
主题：四方井的过去、现在与未来
演讲人：薛力

2016.04.24
主题：地形学、建造以及身体
演讲人：David Leatherbarrow

2016.07.03
主题：建筑数字技术
演讲人：李飚

2016.05.08
主题：形式与政治
演讲人：朱剑飞

2016.07.17
主题：从 CAAD 出发我们能走多远
演讲人：唐芃

2016.05.29
主题：城市骨架
演讲人：杨俊宴

即将发布
主题：建构学的历史类型
演讲人：史永高

建筑与纸媒
Architecture & Paper Media

在"建筑"这一语汇之下，我们探讨设计，探讨表达——图纸表达在建筑课堂教学中扮演着不可取代的角色。

当谈及"纸媒"——作为平面设计的产物，我们能发现的是其与建筑图纸的内在统一性。而与此同时，较之图纸纯粹地表达建筑设计，纸媒有着更为广泛的受众，更为多样的表达。

从《节点》《筑研》杂志到新媒体部门设计的文创产品，始于纸面，但不仅仅止于平面设计，它们或专注学术，或思考社会，或反映生活，作为文化导向，影响着建筑学院的学子们。

《节点》
Node

时　间：2009 年 2 月创刊至今
参与者：东南大学建筑学院团委宣传部

杂志简介

《节点》是由建筑学院团委宣传部承办、面向学院师生的生活杂志。

《节点》杂志主要板块包括"地球异端的建筑人""人物访谈""建筑游记""东大人问东大人"等，内容贴近师生学习生活，但不局限于建筑。捕捉四方上下，纵览时代万象。创刊七年来，《节点》以其有深度的文字和高品质的排版设计深受师生喜爱，并成为东南大学建筑学院特色的文化符号之一。

特色板块

自创刊以来，结合建筑学院的学生生活，杂志逐渐创立了多个内容各异的板块。

地球异端的建筑人：与海内外其他建筑高校的学生展开对话，对比不同社会环境中的建筑教学方式与学生生活，从学生的角度探讨建筑教育的发展，发现全新的建筑学习方式。

东大人问东大人：由建筑学院的学生向校园内外的师生、职工、社会人士进行发文，发现校园生活中被忽视的细节与趣味，与不同身份的人进行交流。

诸子语山水：与建筑学院内老师进行对话，探讨其研究成果或建筑界生态变化，提升思考深度。

万象：由学生对自己喜好的书籍、影视、音乐、展览、艺术家等进行交流分享，互通有无，拓宽视野。

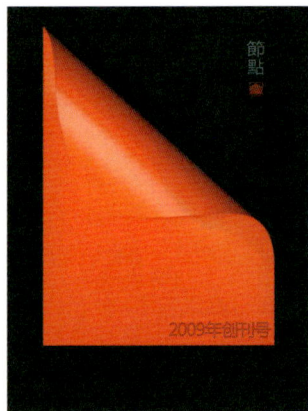

创刊号封面

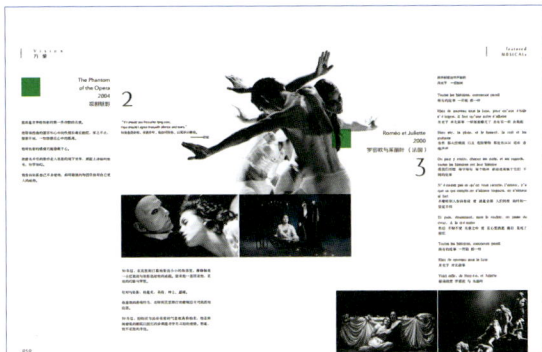

1.2. 《节点》版面
3. 第 22 期《节点》封面
4. 出版物

发展历程

《节点》杂志从 2009 年 2 月创刊起至今 7 年，共印发 23 期正刊、2 期《节点大样》与 2 期新生指南，发布线上图文推送若干。

2009.02　《节点》第 1 期创刊号：电子杂志形式的文化刊物。

2009.12　《节点》第 2 期：开始以报刊形式投入印刷。

2010.01　《节点》第 6 期：正式由报刊改版为杂志。

2010.03–2012.10　出版《节点》7～15 期。

2012.12　《节点》第 16 期：原创栏目"东大人问东大人"成为常规栏目。

2013 年发布《节点》第 17–19 期。

2014.06　《节点》第 20 期：开始采用全彩印刷。

2015.2　《节点》第 21 期：由校园资讯刊物向专业设计杂志改版，

《节点大样》《新生指南》成为常规迎新印刷物。

2015.11　《节点》第 22 期：杂志开始作为交流纪念品参与"共筑"多校交流活动。

2016.07　《节点》线上公众号推出。

2016.12　《节点》别册创刊，"正刊—别册—公众号"三线并行的杂志运营模式形成。

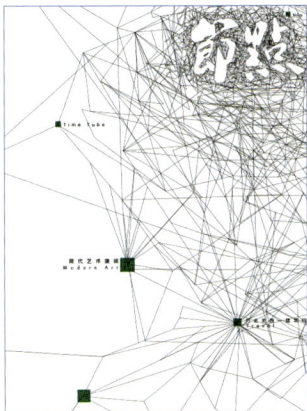

■《筑研》
Arch-Study

时　　间：2011 年 9 月至今
参与者：《筑研》杂志社员

杂志简介

"最好的建筑专业学生刊物"

特色板块

系列特色板块达成思想碰撞。

论文的发表和学生刊物的制作一直是我们建院学子不断追求研学的载体。从微观角度来看，创立面向研究生群体的刊物迫在眉睫；而从宏观的角度来看，一份优秀的学生刊物不仅可以促进同学们的学习、师生间的交流，也是一流建筑院校面向社会最直观的名片。我们以国内"最好的建筑专业学生刊物"为目标，力求办好我们的院研究生刊物。

征文活动：《筑研》杂志的稿件来源主要有三个方面，分别是老师约稿、学生约稿和学生论文。在筑研杂志社长期的发展中，我们发展出严格的征文流程，保证了稿件的来源和质量。

对外交流：杂志社定期开展对外交流活动，一方面充实《筑研》杂志稿件的内容，另一方面则丰富和拓展视野。杂志社不仅仅将东南大学内的各种学生团体和组织作为交流的对象，同时积极开展与其他院校之间的交流活动，让杂志的影响力能够传播得更广更远。

新闻访谈：《筑研》杂志社积极跟踪建筑学院各种大型的活动和事件，针对建筑学院开展的各种会议、公共活动进行采访和记录，保证杂志内容的新颖。此外，还会进行人物访谈，联系业内有一定造诣的老师和学者，通过对话的形式来传播前沿讯息。

公共活动：读书会是《筑研》定期举办的特色活动，我们将同学们聚在一起，以一种轻松的态度交流，分享自己读有所获的书籍。这一活动一方面促进了知识的传播与分享，另一方面则激发了每个人表达的欲望，达成思想碰撞。

各期《筑研》杂志封面

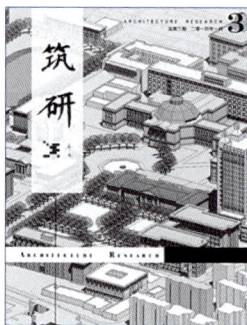

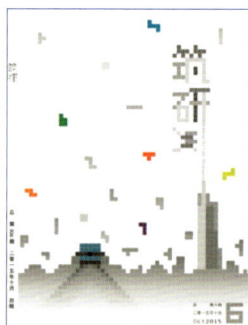

发展历程

《筑研》杂志从 2011 年 9 月创刊起至今五年
共印发七期正刊。

2011.09	《筑研》出版计划提出
2011.10	学术部拟定工作计划
2011.12	确定筑研 Logo
2011.12	《筑研》创刊号出版
2015.03	《筑研》微信公众号上线
2016.01	在 ISSUU 发布平台上线

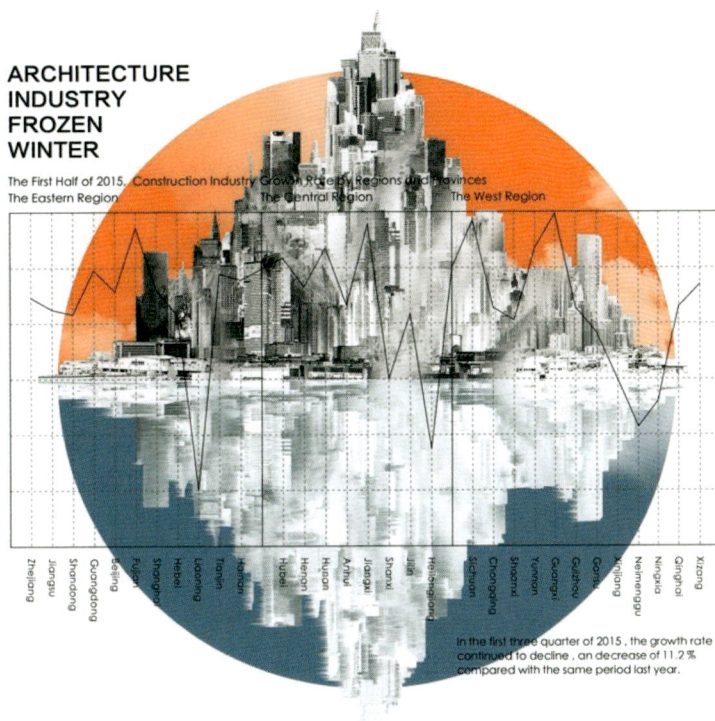

ARCHITECTURE
INDUSTRY
FROZEN
WINTER

The First Half of 2015, Construction Industry Growth Rate by Regions and Provinces
The Eastern Region   The Central Region   The West Region

Zhejiang Jiangsu Shandong Guangdong Beijing Fujian Shanghai Liaoning Tianjin Hebei Hainan Henan Hubei Anhui Jiangxi Shanxi Jilin Heilongjiang Sichuan Chongqing Shaanxi Yunnan Guangxi Guizhou Gansu Xinjiang Neimenggu Ningxia Qinghai Xizang

In the first three quarter of 2015 , the growth rate
continued to decline , an decrease of 11.2 %
compared with the same period last year.

1. 杂志大样
2. 3. 论坛采访
4. 读书会现场交流

■ 文创作品
Creative Cultural Products

时　　间：2015 年至 2016 年
参与者：东南大学建筑学院学生联合会新媒体中心

PART 1 明信片

四套不同主题的明信片，以设计体现建院
生活。

建筑学院学生联合会新媒体部门
为主创，设计了世界著名建筑、
印象四牌楼、建筑师、探索等四
个系列的明信片。

在 2016 年 9 月迎新及新老生见面
会时发售。

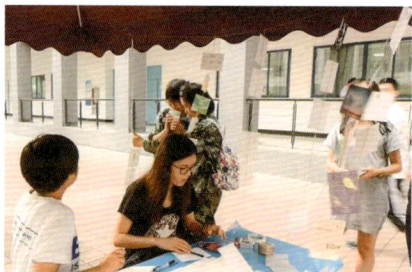

1. 产品宣传图
2.-3. 明信片样品
4. 明信片发售现场

PART 2 日历

一套关于建筑或摄影的日历，记录一年的点滴。

由建院学生摄影、设计，制作精美。展现建院学生眼中的四季之景。

作品于 2016 年 1 月在东南大学四牌楼前工院现场及网络公众平台号出售。

1.~4.日历版面
5.扑克牌成品
6.7.扑克牌宣传图

PART 3 建筑师扑克牌

十三组建筑主题的扑克牌，在快乐玩耍的同时也可以学习建筑知识。

新媒体中心设计了一套以建筑为主题的扑克牌，于 2016 年 9 月在前工院发售，使学生能够在娱乐中学习。

每副套牌由 54 张扑克牌构成，分为四种不同花色。每种花色包括了 13 个不同的主题——中外建筑大师、建筑师尺度人、建筑绘画、建筑材质、建筑影视作品、建筑书籍等。

建筑与服饰
Architecture & Dress

"建筑是凝固的音乐，服装是流动的建筑。"——黑格尔

作为建筑学院的学子，东南大学建筑学院学生专注却不受限于建筑设计本身：一场建筑时装秀，囊括东方和西方，古典和现代，东南大学建筑学院学子试图用动势的走秀阐释静态的建筑；一次文化衫设计，基于学业或生活，发乎于心，可管中一窥东大建院学子最真实的状态、最深沉的思考，最闪亮的灵感。

从建筑时装秀到T恤设计，这两项极具建筑学院特色的活动引领着一届又一届的学子们去探讨建筑与时装之间的共通性。

建筑时装秀
Fashion Show of Architecture

1.2.建筑时装秀模特走秀照片

设计时间：自 2011 年起每年 10 月至 11 月
地　　点：四牌楼校区前工院
参 与 者：建筑学院本科生
展出时间：新生文化季闭幕式当天
地　　点：东南大学九龙湖校区焦廷标馆

走秀表演

走秀是动态的建筑阐释，也是建筑本身元素的浓缩暴走。

当我们在对比服装设计稿与实际走秀效果图时，会发现两者之间难免会存在差异。这或许是因为当设计真正落实到一针一线时，就好比建筑进入营造阶段，任何结构上的不合理，都可能导致最初的设想无法实现；又或许是随着制作过程的深入，设计者本人对建筑产生了更深刻的理解。

2013 · 建筑之美

主题为"中西建筑对比",同一舞台,两种风采。

从西方的巴黎圣母院,到东方的黄鹤楼,设计者或捕捉建筑的流线形态,或提炼建筑局部的典型元素,用以体现不同建筑的不同特色,使世界各地的建筑在舞台上碰撞。

朗香教堂　银河 SOHO　巴黎圣母院　巴西利亚大教堂　古根海姆博物馆　圣瓦西里教堂

2014 · 霓裳九州

中国建筑历经变迁,古今建筑,翩翩衣影。

我们于纵向追沿时间轴线,上择故宫,下择象山美院;于横向依中华大地,择福建土楼、云南竹楼。在服装设计上,体现地方建筑与民俗特色。

黄鹤楼　东南大学大礼堂　路易斯教堂　苏州园林　福建土楼　徽派建筑

2015 · 筑乐鸣裳

建筑时装秀引入音乐为新媒介,定题"建筑是凝固的音乐"。

2015 年的建筑时装秀以三种不同音乐风格,分别对应三种不同类型建筑:中国风音乐,对应中国古典传统建筑;宗教风格音乐,对应西方教堂建筑;摇滚乐则对应现代主义建筑。

徽派建筑　黄鹤楼　德国历史博物馆　古根海姆博物馆　光之教堂　蓝顶教堂

2016 · 筑影古今

以"古今对比"为题,结合古典与现代元素,进行古今对比。

2016 年的建筑时装秀将选题范围锁定南京本地,从东南大学大礼堂到紫峰大厦,极具南京色彩,让我们在感受同学们奇妙构想的同时,得以"走马"略观南京古今风情。而舞蹈元素的加入,更添舞台光影绚烂感。

紫峰大厦　妇女儿童活动中心　奥体中心　保利大剧院　东南大学大礼堂

案例·布达拉宫

"布达拉宫"是 2014 年建筑时装秀选题之一，服装设计者为杨浩辰。

在 2014 年建筑时装秀"碧瓦华夏·霓裳九州"中，一位模特身着以"布达拉宫"为设计主题的服装走上舞台，以藏族礼节手捧哈达，面带微笑。

布达拉宫作为典型的藏地宗教建筑，在形式上并不遵循古时中原汉地建筑所讲究的对称性原则，而是依靠建筑群体体量的错动和山岩的起伏取得了构图上的平衡。这一特点在服装设计中得到了充分的体现。从设计稿来看，服装下半部分主体为白色，缀黑色以达成在形式上对高低错落特点的强调，而上半部分则是较为整体的暗红色。上下部分分别对应着布达拉宫的白宫和红宫。设计者希望借此来表现两者之间的关系——白宫百台因凭地形山势的高低错动，众星捧月一般地烘托红宫。

1. 2014 年建筑时装秀"布达拉宫"走秀照片
2. 杨浩辰"布达拉宫"服装设计稿
3. 布达拉宫

1．2015 年建筑时装秀"德国历史博物馆"走秀照片
2．秦瑜"德国历史博物馆"服装设计稿
3．德国历史博物馆

案例·德国历史博物馆

"德国历史博物馆"是 2015 年建筑时装秀
选题之一，服装设计者为秦瑜。

在 2015 年建筑时装秀"筑乐鸣裳"
的舞台上，模特身着从"德国历
史博物馆"中提取要素而得的服
装走上舞台——深黑光泽感硬布
料镶嵌在象牙白哑光软布料中，
半透明的飘逸长纱从腰间落出，
随模特行走而摆动，如同博物馆
新翼一样现代、简约、轻盈，充
满跃动感。

德国历史博物馆最吸引服装设计
者的是与周围建筑对比鲜明的玻
璃螺旋塔，服装的造型也来源于
此——X 形裙体套上斜挎圈环。
此外，从塔楼里提取的线条要素
被用做裙子的骨架，而服装的颜
色与材质则呼应于建筑上白色的
石灰石、碳黑的金属构架和透明
的玻璃。

■ 文化衫
T-shirt

售卖时间：自 2011 年起每年 8 至 9 月
售卖地点：东南大学九龙湖校区、四牌楼校区
参 与 者：建筑学院学生联合会各宣传部门

东南大学建筑学院特色 T 恤宣传图

活动介绍

自主设计售卖文化衫，是东南大学建筑学院
的一大特色。

由东南大学建筑学院学子独家设计的 T 恤可以说是学院特征性的存在。这些独具风格的 T 恤每年由建筑学院学生联合会宣传部领衔设计，团委宣传部、新媒体等部门共同参与创作，并于短学期内，在九龙湖与四牌楼校区进行售卖。

与建筑时装秀的服装设计相比，

T 恤的设计更为贴近学子的日常生活，偏向于展示建筑学院学子群体的特色，凝聚了学生对建筑学院的热爱。

2016 年，建筑学院的 T 恤推广到了外校建筑学院同学圈，起到了宣传东南大学建筑学院的作用，促进了不同学校建筑学院同学之前的交流。

2014·深入思维

张文 SEU Arch

戴文翼 Think Deeper

朱梦然 空间

花薛芃 The Crowded City

2015·解锁生活

高晏如 解锁生活

朱梦然 Dead Line

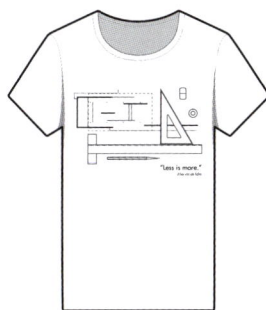

张浩博 巴塞罗那德国馆

徐忆 Twisted A

2016·筑建点滴

王雨 Where Is My UHU

赵英豪 渐入佳境

王博雅 No Limits

秦令恬 Arch Around Life

建筑与灯光
Architecture & Light

路易斯·康说过"结构是光线的创造者"。光对建筑的营造效果、改变空间质量有着重要的影响，如今建筑学院学子重寻大师的脚步，用现代灯光技术，在古朴典雅的中大院上演一场与灯光的奇遇。

通过运用遮光板等主被动照明方式点亮中大院灯光秀活动，形成叙事性的线索，在建筑上展示时间、历史与未来的故事，多角度、多方式表达对光的感知。

多种艺术的融合产生新的火花，灯光结合建筑与舞蹈，从设计到结果的呈现过程中学生获得了对结果的控制能力以及发现解决问题能力。

点亮中大院
Light the Zhongda Yuan

时　间：2012 年 12 月
地　点：中大院南侧草坪与道路
参与者：2007 级风景园林专业本科生

概念设计

对建筑结合灯光承载的含义进行思考。

在概念上将时间、记忆与遗忘以固态的形式呈现。空间是横向的，历史是纵向的。当灯光与空间历史结合，蕴含历史，化作风景存在于我们身边。而场地本身承载的记忆已经支离残破，成为碎片消失在历史中。

Step1 用正交镂空板投射在立面上获得透视变形的矫正底图
Step2 利用得到的矫正曲线矫正要投射的图案

脚本策划

概念表达方式和对结果的预想。

一幕：预言 场景全暗，启动音乐，于中大院山花面投射出年份 2004 字样，随音乐数字切换为 2007、2010、2012。最终定格在 2012 上。音乐渐歇，灯光渐暗，人影退场。

二幕：浮华 场景全暗，灯光起，参照上一届案例，用光斑和泛光、点光等手法的组合，在建筑立面上呈现出欣欣向荣、光怪陆离、纷乱浮华的几个社会形态和机制。

三幕：崩塌 音乐全歇，少顷，低沉音乐响起，伴随轰鸣。光斑开始闪烁、摇曳，最终渐渐崩塌熄灭。

四幕：希望 场景全暗，音乐渐起，神秘而悠扬。音乐起后 10 多秒，聚光灯打于立面前，伴随独舞，展现顽强与绽放。音乐渐激昂，灯光渐起，舞蹈达高潮。

1. 第一幕
2. 第二幕
3. 第三幕
4. 第四幕

1	2
3	4

再渡进香河

Cross Jinxiang River again

时　间：2013 年 12 月
地　点：中大院南侧草坪与道路
参与者：2008 级风景园林专业本科生

概念设计

对建筑结合灯光承载的含义进行思考。

板片参差错落，不同的色彩、明暗变化呼应不同的主题。

以线密排而成的面在板片的穿插下起伏，投射出的光将线营造出河流的效果。

表现效果图

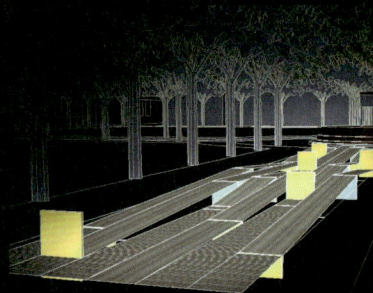

1. 同学们用棉线制作 600mm × 600mm 的面。
2. 置入灯光，研究光的投影效果。
3. 再放入模型人，模拟人进入效果。
4. 线板固定时把线插进板的凹槽里，在板后增加板以固定线端。
5. 将固定好的线卡在另一组多层黏合的稳定的板上。
侧边的板预留下洞口以将线排固定。

光之迷宫
The Maze of Light

时　　间：2013 年 12 月
地　　点：中大院南侧草坪与道路
参与者：2008 级风景园林专业本科生

概念设计

对建筑结合灯光承载的含义进行思考。

设计构思：通过漫无边际的光来实现迷失的状态

设计手法：利用白色的光板围合出变幻的空间。用光来代表心中的欲望，自然与城市的景象交互出现，产生迷幻的效果。光斑高低错落，起伏变化，按照模数排布成阵列，布置自由路径穿过场地。

过程模拟：在穿梭的过程中，我们首先看见的全是自然之物．然后，建筑物逐渐出现，取代了原来的自然。建筑物逐渐增多，人们面临着两种选择。

1.2. 透视表现图
3.-5. 策划过程图

建筑与数字
Architecture and Algorithms

信息时代以来，因拓扑学、非欧几何学、动态形式和基因算法的介入，无线网络、嵌入式计算和传感器等技术的广泛运用，数字互动建筑空间在技术上和经济上变得越来越可行。建筑数字技术正以前所未有的速度与建筑学科融合。建筑数字技术的发展，不仅丰富了建筑的空间、形态，而且对建筑的建造和相关产业产生了极大的冲击，大大解放了建筑业生产力，也给建筑学带来了新挑战和新未来。

建筑学院的同学们对未来数字互动建筑可能发展方向做出了自己的思考：将"建筑视为一种建造的技艺"，形成相应的建构文化。基于建筑数字技术对环境行为等的认知模式、方法和技术形成新的设计文化，并催生新的建造方式、产业文化和国际影响。

数字化生成小品
Digital Generated Items

时　　间：2016 年 2 月至 2016 年 8 月
地　　点：东南大学建筑学院建筑运算与应用研究所
参与者：东南大学建筑学院研究生数字化研讨小组

珊瑚系列三维打印

基于植物学生成的形态逻辑，将其从数理的角度进行定义和表达。

通过改变生成规则和轮廓控制曲线的参数可以得到形态各异的"珊瑚"。打印采用 PLA 材料熔融层积成型的技术方式无支撑打印，在展现丰富形态的同时也极大地发挥和利用了三维打印技术的优势。

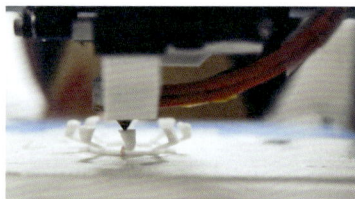

1. 成果图片
2. Step1 在当前节点位置处，根据生成规则计算下一个节点所处的空间位置。
3. Step2 根据输入的轮廓控制曲线选取生成节点最为接近的依附点，作为实际的生成节点。
4. Step3 在上一步的生成节点和新的节点之间建立连接，并将新的节点置为当前节点。迭代这一过程，即可得到在规则限定下生长的"珊瑚"。

名画重组

以该颜色值为基础，生成多种形式的多边形图案，最终所有生成的多边形汇集在一起，在同一幅画中形成远近不同的两种形象。

1. 图像网格化：按一定的间距在图像上设置点阵，通过点阵提取图像的像素值和颜色值，最后以像素值为中心位置、以颜色值为填充颜色做菱形，形成新图像的底图。

2. 筛选图像信息：程序以色相值、明度值和纯度值作为主要参数，通过设置这三个值的上限和下限作为筛选范围，在图像中提取符合规则的像素值和颜色值，并作为图像信息保存下来。

3. 图像信息优化：检测每个图像信息与其他图像信息之间的密度值，并与预先设定的密度值进行比较，通过设计好的算法对图像信息做适当的增减操作，最终达到预先设置的要求。

4. 预设图形：程序内置的图形以"圆"作为母题，以点、直线、十字、三角形、菱形、五角星等几何图形作为元素，形成多种形式的图形，并作为最终图像的图形库。

1. 原画
2.-4. 过程图片
5. 成果图片

交互式展览布展
Exhibition Set-up

时　　间：2016 年 11 月 25 日至 2017 年 12 月 5 日
地　　点：东南大学四牌楼校区前工院
参与者：东南大学建筑学院 AAA 展会志愿者

① Ceiling Marigin
② Interactive Design Course（本学期学
③ Cell0046
④ Angle_X
⑤ Harmony·Peace
⑥ 2.5D Print /Lilac
⑦ The YOG Building
⑧ Points · Molder
⑨ Sand Mapper
⑩ Renew Termini（本学期学生作业）
⑪ 石头记
⑫ Generative Design Series
⑬ Musical Column
⑭ KUKAer/Catcher（本学期学生作业）
⑮ Windy（本学期学生作业）
⑯ RTLS高精度定位系统
⑰ Parab.M/CANOPY
⑱ Doom·V
⑲ 空影珊珊
⑳ 龙舟记忆
㉑ 印象太湖石
㉒ NEURON（本学期学生作业）
㉓ Hakuna Matata（本学期学生作业）

接待处
签名墙

1. 展厅平面布置
2. 展览海报
3.4. 展览纪念品

展览策划与布置

这次展览从宣传到布置都由建筑学院的同学们完成。

本次 AAA 展览，旨在展现东南大学建筑学院十多年来在生成设计、数控建造以及互动设计方面的成果。邀请世界相关领域的同行与专家学者共同探讨建筑数字技术的未来。

学生志愿者们对展区进行空间划分、展台布置，亲手搭建展台，布置展品。他们设计了展览海报和精美的明信片、手袋等纪念品，并在公众号上发布高质量的推送，邀请更多的同学参观参与到这个展览中。

1. 展厅布置
2. 展厅现场

感与悟
Reflections

文创产品

朱梦然：

我们在实践中学习到了课堂以外的内容：纸质的选择、成本的压缩、快递的包装等等都成为在制作过程中遇到的难题和宝贵的经验。这也是我们作为一个学生团体从学校走向社会的一次尝试，受益匪浅。

《浮生素记》

林卓文：

这是我参与的第二个由建筑学院学生自主创作的影片，从演员转换到制作者的身份，我学习到了很多。群像记录的模式，使我们的内容丰富多变、各具风格，彼此之间相互竞争与学习，同时迸发出更多从未见过的火花。

建筑时装秀

杨浩辰：

这是新生文化季的一个经典保留节目了。而此"经典"的炼成，包含了一届届建筑学院同学太多的汗水。节目准备时间紧且要求高，我们没有专业的服装设计和形体指导，每一件作品的展现，都凝聚着设计师、裁缝和模特每一个人的努力

《节点》

徐　忆：

每一本《节点》背后都是无数次反复的推敲。即使是一行标题，不同的字体、字号、粗细、位置都有上百种可能，而我们处女座的美编们会纠结到通宵来达到最完美的版本——就是你看到的"节点10.0"那样。希望能给大家呈现一本有质量、有态度的杂志。

灯光秀

陆　熹：

我们要表现的顽强与拼搏精神与东南大学校训以及第二课堂的教学机制相契合。进香河和我们学院的生活以及周边的居民生活有着密切的关系，且包含一定程度的哲学思考。让主题发人深省、影响深远。

Micro Building Life

微筑生活

微筑指尖

微筑竞赛
Solid 工作室
微筑社

微筑我家

"我爱我家"宿舍改造大赛
"一隅之筑"图书角设计竞赛

微筑世界

竹构乡间
木构心间
金宸希望小学

见微知著与微筑

Big Discovery from Micro Builidings

文 / 曹蔚祎　建筑系 2013 级本科生

记得韩冬青院长曾在 2015 年的新生致辞里讲到"创造"——"知识只有在服务于创造时，才显出其价值"。我想如果说未来的我们有机会为人们创造诗意的栖居，那么今天还处于学生时代的我们，就在看似微小的科学研究与创意设计中，为诗意栖居筑起坚固基石。在"微筑生活"这一篇章中，从专注于指间的小小构筑物，到我们自己向往的学习生活环境的方案设计，再到于山中乡间的真实建造实践，我们始终探讨着如何通过微小的物质环境空间拓展对新知的探索，以质疑和批判的姿态不断反思既有的经验，构成我们对设计与生活的不断思辨。

"我们创造的是一个微小尺度的生活，住着我们的理想"。为什么建的混凝土表面均匀而粗糙？为什么混凝土可以浇筑出灰度不一的表面？混凝土可以做很薄的面吗？可以做弧形的东西吗？如果将混凝土与玻璃结合会怎样？如果和木头呢？常常被看做玩具的小小积木可以实现什么奇思妙想？乐高积木真的什么建筑都能搭出来吗？怀揣着诸如此类的好奇心，不甘心日夜在工作桌前画图的小伙伴们因兴趣而创办了 Solid 工作室、微筑社等兴趣社团，

在探索的过程中，却并不止于兴趣。用日常生活中随处可见的东西做容器，浇制出冰格、饮料瓶、饼干盒的负形，突然就对原本觉得晦涩的"图底关系"产生了些许理解；还想赋予这些小玩意们一些功能，也就那么自然地想起了沙利文的那句"形式追随功能"；想用积木为仓鼠和猫咪搭建一个它们喜欢的小窝，才想起每每设计课上老师们强调的使用对象的体验与感受。当换了一个视角去感受设计，似乎也更豁然开朗。更为重要的是，当混凝土小亭从图纸最终走向实物，当这些小小工艺品通过义卖的方式为更多的人带来价值，这个过程中的思考早已不限于单纯的设计学习，更是饱含理想的生活新知。

"激发我们对生活的喜爱，在远离家乡的这片土地上营造家的温暖。"来自五湖四海的我们因缘分相聚，也在学习与生活中相识相知。即使每天宿舍、食堂、工作室三点一线也依旧不觉得百无聊赖，只要时刻留心观察，善于发现，随处可得学问。工作室的楼梯走起来有些许无聊，挂上同学们自己的摄影作品便显得丰富不少；前工院的门厅总是不见阳光，借助"建筑之春"的东风，宣传部的小伙伴们用线搭

建起无形的天窗，织出光影的韵律；西边的室外走廊风景独好，摆上同学们的得意之作就更增添生气，成为各式模型的展示台，甚至楼下散步的叔叔阿姨也能微微看到；宿舍的空间总是太狭小，考虑把储物空间向高度上发展也许正好。如果说这是"前工城"，这是"文昌城"，那么我们就是小小城市的设计师，在一步步提高着城市的品质。这是我们的大"家"，是我们乐意付诸行动让它们变得更好的地方。无论是在宿舍改造竞赛中，还是图书角改造竞赛中，我们除了激发奇思妙想，更重要地还在于，将自己的身体带入这个小小的空间中，不断观照包括自己在内的人群使用体验与感受，在有限的条件下，力求营造更优质的生活。"长衫岂能跃马，温饱何待华屋"。改变建筑，改变城市，我们从改变自己的"家"开始。

"一隅一世界，一筑一乾坤。我们所筑的小小空间，连接起了万千世界。"我们不仅作为未来的建筑师，更是作为大千世界的一员，理应为公众的需求、社会的发展作出回应甚至引领。这不仅仅是一种眼界和视野，更是一种态度与精神。在东南大学竹构节上，大一的同学们探索着结构知识与材料特性，搭建出风格迥异的竹构作品，经过优化后的作品又被同学带入了广德竹乡等地，在群山之中为竹乡带来不一样的风景，让竹子的价值为更多的村民认知与发掘，这正是设计与社会、城市与乡村之间的桥梁。在我国的第一个南京大屠杀死难者国家公祭日上，心怀历史责任感的同学们参与了公祭坛的方案设计、材料切割、实地搭建的全过程，表达出对同胞哀思，向全社会传达出直击人心的力量。金宸希望小学于山间拔地而起，不仅是同学们结合地域的设计成果呈现，更是对大山里的留守儿童发自内心的关注。在我们的学习生涯中，不断扩充着的是对材料的研究、对结构的认知、对空间的理解，而只有将这样的专业技能融入对人文、对自然、对城市、对社会的充分理解和尊重中，才有可能真正帮助我们实现人类诗意的栖居。

我相信，东南大学建筑学院学子在路上，也会一直在路上。

微筑指尖
Micro Builiding on Fingers

我们希望有一栋我们设计的理想的房子，我们希望有一个我们设计的理想的社区，我们希望有一个我们设计的理想的世界。

所有的东西都变得很微小，一切都变得跟我们的手掌一样大，那我们会设计出什么呢?

也许是蚂蚁的山丘，也许是猫的小屋，也许是混凝土的小花盆，也许是一栋小住宅，我们创造的是一个微小尺度的生活，那里住着我们的理想。

微筑竞赛
Micro Building Competition

时　间：2014 年 3 月至 8 月
地　点：东南大学四牌楼校区
参与者：东南大学建筑学院本科生

微筑竞赛

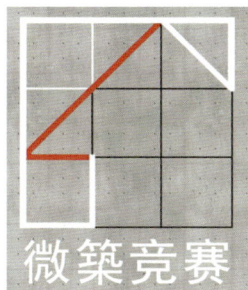

1. 学生混凝土作品
2. 王正欣获奖奖状

"混凝土的可能"

可游、可观、可居的建筑。

2014 年首届微筑竞赛由南京万科公司和东南大学主办，题目为"混凝土的可能"，要求参赛者在南京溧水体育公园内设计一座小型建筑。建筑学院学子们踊跃参与，使用真实材料浇筑模型反复推敲，最终共有八组作品获奖，其中王正欣同学的作品《框架之变》荣获优胜奖，并最终得以实地建造。

獲獎

【 AWARDS CERTIFICATE 】

王正欣　同学：

您的作品　　"框架之变"　　在第一届【微筑竞赛】中，

荣获　　优胜奖　　。

特发此证，以资鼓励。

南京万科置业有限公司　东南大学建筑学院

二〇一四年七月二十二日

微亭——从图纸走向建筑

根据竞赛要求，方案面积为 $6 \sim 7m^2$，即一个框架结构单元的尺寸。王正欣同学的设计是从一个框架结构单元开始，以它为基础而研究结构对空间作用的可能。具体是对一个框架单元的一系列操作完成。不仅划分出了四象限的空间，而且由于原本结构意义的消解，使得空间之间的划分与联系变得自然。由于变形的梁、柱、楼板共同作用，使得空间既获得了对环境的开放，又保持了自身的安定。

垂直方向上通过两个单元的叠合完成，限定出了一个特殊的二层空间。一方面二层空间的梁被完全隐藏，形成了相互穿插的多层空间；另一方面，以二层为起点，分别通过地面、天花与一层、屋顶空间发生关系，从而实现了在明确分层的建筑中的垂直向联系。又通过四部楼梯的设置，获得了一个旋转向上的空间序列。

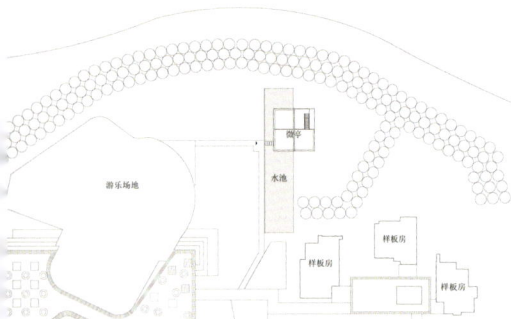

一层平面图

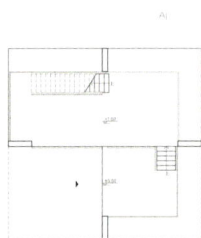

二层平面图

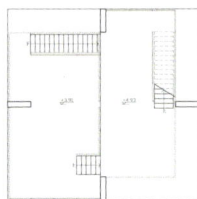

A-A 剖面图

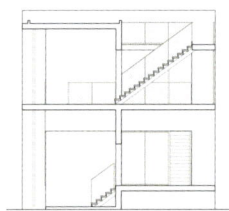

B-B 剖面图

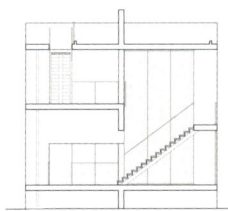

南立面图

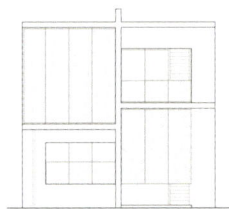

北立面图

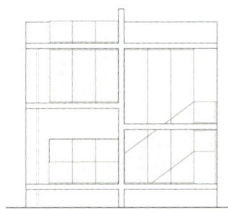

总平面图

王正欣与老师讨论模型

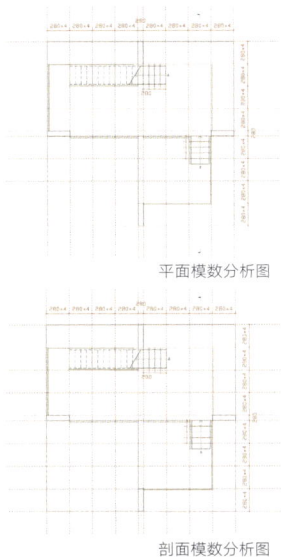

平面模数分析图

剖面模数分析图

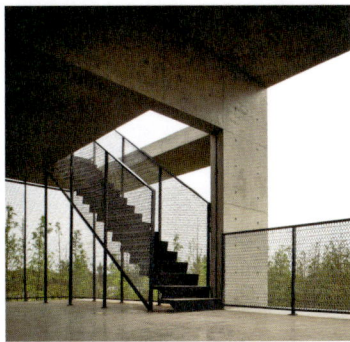

建成实景照片

在施工图的深化过程中引入了一套模数系统。水平模数以楼梯踏步踏面宽 260mm 为基准，垂直模数以踢面高 170mm 为基准。有了模数控制，施工图设计更加清晰简明；由于尺寸的统一，建筑也呈现出整体性与简明性。建成后，作品荣获第十届江苏省土木建筑学会建筑创作一等奖。

Solid 工作室
Solid Studio

时　　间：2015 年至今
地　　点：东南大学四牌楼校区
参与者：东南大学建筑学院 Solid 工作室

1.2. 混凝土工艺品义卖
3.-8. solid 工作室作品

混凝土工艺品制作及义卖

把爱心浇铸在混凝土里。

Solid 工作室致力于发掘混凝土的
更多可能性，用我们的双手创造
更有趣的混凝土作品。制作出的
优秀作品都会在建筑学院志愿者
协会的支持下参与义卖活动。为
了吸引更多人关注和参与混凝土
制作与社会志愿活动，我们创办
了公众号与淘宝店，所有的收入
都将和义卖所得一起捐给需要的
孩子们。每一份混凝土作品都浇
铸着我们的爱心。

■ 微筑社
Micro Building Club

时　间：2016 年 10 月至 11 月
地　点：东南大学四牌楼校区
参与者：东南大学建筑学院微筑社

Brick&Block
東大微築社

1. 微筑社作品
2.3. 微筑社答辩现场

花果山
mountain of flowers and fruits
想要漫山遍野的孙悟空

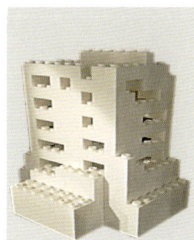

猫咪公寓
house for cats
为了猫咪所设计的不断变化的寓所

蚂蚁之丘
the hill of ants
给蚂蚁们一个翻山越岭的挑战

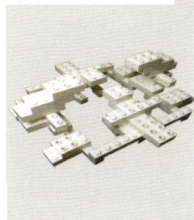

仓鼠之家
line house for hamster
高高低低的仓鼠港湾

乐高积木竞赛

小小的模型里有大大的梦想。

通过兴趣社团的方式，以及积木这一基本单元，结合我们同学们无限的想象力，创造无限种空间营造的方式，并以此达到开拓同学们想象力、激发创造力的目的。

微筑社团不局限于建筑设计，而是在建筑设计的基础上拓宽视野，经常邀请工业设计、室内设计的专业人士开展讲座，使同学们能够接触到更多有趣的设计方面的知识。社员们同时还自发组织答辩活动，在互相交流讨论中收获更多的乐趣与新知。

55

微筑我家
Micro Building for My Home

"宅者，人之本。人因宅而立，宅因人得存。"

作为建筑学院的学生，我们的家是宿舍，是工作室，我们渴望打造属于自己的小天地，所以我们进行幻想，进行设计，进行改造。

也许只是一隅之地，也许只是添置一件小小的家具，却能充分激发我们的灵感，激发我们对生活的热爱，让我们在远离家乡的这片土地上营造家的温暖。

"我爱我家"宿舍改造大赛
Domitory Renovation Competition

时　间：2010 年 11 月
地　点：文昌学生公寓
　　　　荟萃学生公寓
参与者：东南大学建筑学院 2006 级至 2010 级本科生

A room of colorful life

改造与创造

"我爱我家"宿舍改造大赛是建筑学院在 2010 年举办的一个设计竞赛。鼓励学生自主研究设计，创造自己满意的学习生活空间。

宿舍改造设计竞赛基于参赛队伍自己的宿舍原有条件，在不破坏建筑的结构体系前提下对宿舍内部进行改造设计。

宿舍原状

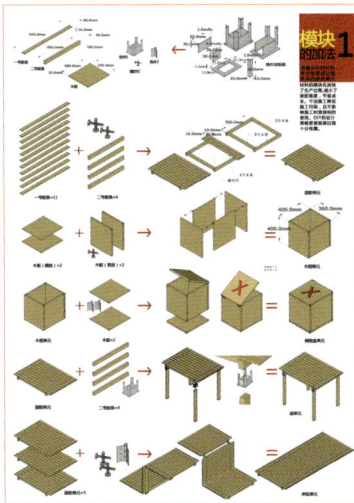

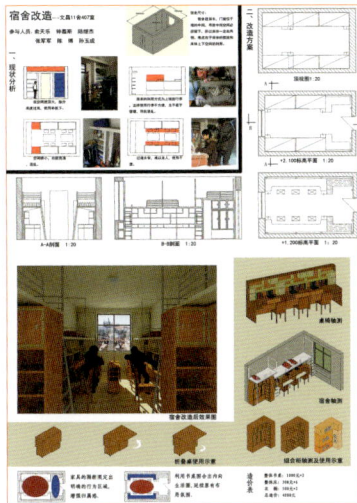

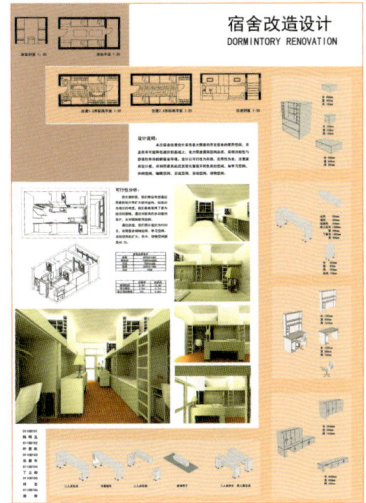

学生参赛图纸

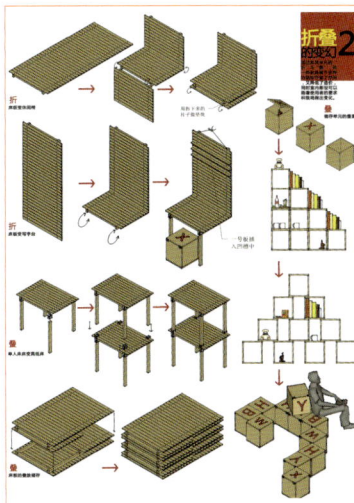

创意栖居

我爱我家，精彩生活。

宿舍不仅仅是一个提供住宿的地方，更是我们能够享受生活的家，一个我们在学习之余就想要回到的温馨的栖居之处。文昌学生公寓与荟萃学生公寓，一代又一代的建筑学子从这里走出。或许你对现在的居住条件和方式并不满意，或许你对居住环境有很好的建议，本次竞赛便给予大家充分展现心目中的创意生活的机会，让我们对宿舍这个家进行大胆的设计与改造。

在一定的限制条件下，我们聚焦于现状问题，关心人体尺度，优化功能分区，利用家具陈设、模块组合等方式创造性地进行改造，力求营造高品质的住宿空间，并最终将设计用图纸呈现，通过大众和专业评审进行投票和打分评出最佳实施奖、设计优秀奖和最佳创意奖，并在前工院一楼进行公开展览。

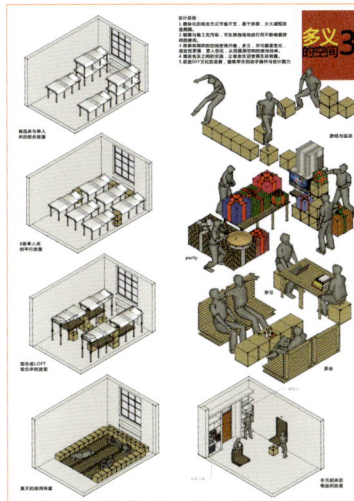

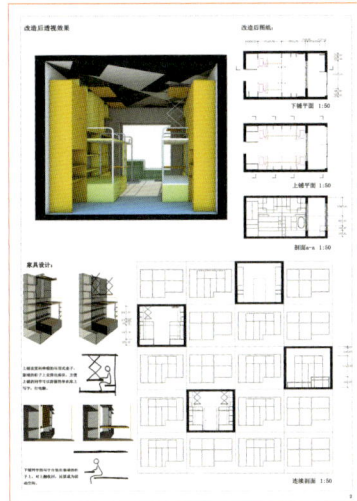

"一隅之筑"图书角设计竞赛
Reading Corner Design Competition

时　　间：2016 年 5 月至 9 月
地　　点：东南大学四牌楼校区前工院
参与者：东南大学建筑学院 2011 级至 2015 级本科生、研究生

报名截止

五月 10

提交设计成果，并公布在建筑学院微信公众号上进行投票。

五月 25

MAY 2

启动报名

东南大学本科生研究生以 2~3 人小组为单位，报名参赛，鼓励跨年级跨院系组队，但每个小组必须包含一名建筑学院的本科生。

五月 20

提交初步实施手段、工期、预算。

五月 2

网络投票截止，网络投票前三直接入围。组委会另选取三组，共六组入围。

入围小组答辩，根据指导教师评价选出两名优胜奖，选定实施方案。

五月

29

确定最终方案并在公众号上公布，征求意见。

六月

1

JUNE

六月

2016年5月31日20:33

【一隅一世界 一筑一乾坤】——一隅之筑最终答辩

秋季短学期

九月

公布中选方案，由指导老师及相关技术人员指导方案改进与深化。

设计搭建流程，安排搭建人员，进行实际搭建。

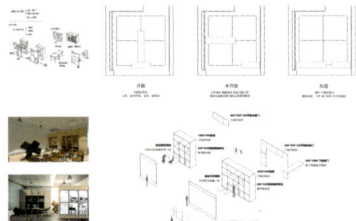

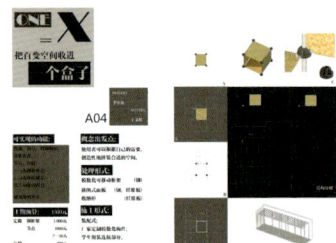

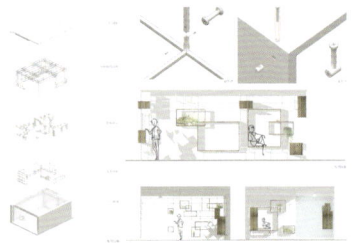

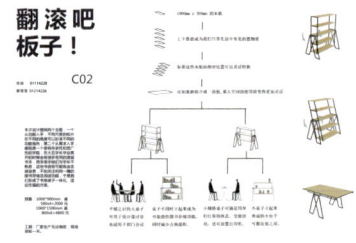

"自编自导自演"的设计竞赛

有多少个建院人，就有多少种对图书角改造的见解。

每每从一楼门厅经过，看着杂乱而无所用的图书角，不免会产生想要改造它的想法。"一隅之筑"作为一个由建筑学院学生会自主组织的竞赛，针对目前前工院门厅空间利用低、缺乏交流场所等问题，充分给予我们学生自己"当家作主"的机会，用我所学，积极改善周遭环境。

本次竞赛，除了关注我们所熟知的"空间""功能"等设计课上强调的问题，也把真实建造的问题，包括可行性分析、经费预算等纳入方案评估的过程，从任务书发布到方案征集再到初审，再到最后各位老师对我们的方案做出的评审，让设计终于不只是纸上谈兵，而是一个真实可建造、看得见摸得着的东西，也让我们对设计的感受更深了一层。

本次竞赛得到了同学们和学院的大力支持，共有42组总计109名同学报名参加，收到有效方案成果30份。经过初步筛选与微信投票，共有9组作品入围最后答辩，最终一等奖由张文、蔚风、邸衍同学的《Part》与王子睿、黄子睿、邵舒怡同学的《Publicity Terzetto》摘得。

快·门

B03

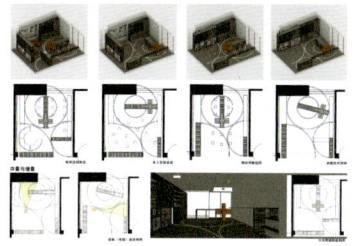

学生参赛图纸

成果

纸上得来终觉浅，绝知此事要躬行。

获得优胜奖的两组作品《Part》和《Publicity Terzetto》凭借简洁巧妙的构思而获得评委老师们的青睐，前者利用组合式的"盒子"家具创造出不同的空间使用效果，而后者则是用柜子的不同组合巧妙限定了不同私密程度的空间。最终评委们决定门厅改造将由两组同学共同合作，将两组方案整合深化后完成。

值得一提的是，获奖同学希望从单体制作、日常维护到临时功能的实现，都能积极发动"前工城"的各位"市民"一起完成，让每一位同学在改造自己家园的过程中收获满满的满足与幸福感。

优胜奖方案

广德卢村建造

2015 年竹构建造节最终成果于当年 5 月在
安徽省广德县卢村乡进行搭建。

5 月，在卢村乡的 4 个场地中，
18 个小组同时展开了现场搭建。
我们希望竹构作品回到群山之中，
能为竹乡带来不一样的风景。暴
晒、大风，甚至从春季到初夏，
天然竹材自身的变化都在考验现
场工作的 160 余名师生。在搭建
过程中，路过的村民从驻足观察，
到帮助搭建，到啧啧赞叹，来来
往往的人群印证了竹构作品生长
的过程。同学们说："建造节一
定是这个学期最有趣的一段时光。
不仅是因为自己的设计能真实搭
建起来的欣喜，还有这些日子大
家一起工作一起玩闹时的快乐，
这些都会深深刻印在记忆里吧！"

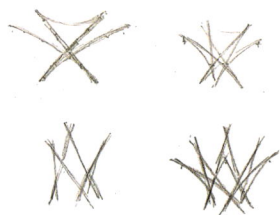

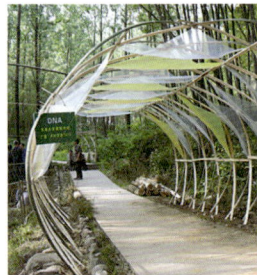

搭建实景照片

搭建实景照片

余姚梁弄建造

2016 年竹构建造节最终成果于当年 9 月在余姚市梁弄镇搭建。

在梁弄镇四明湖畔的2个场地上，6个小组克服酷暑和缺水缺电的困难，日夜赶工，最终全部搭建完成。

同学们希望自己的作品不仅能为秀丽的四明湖增添一抹风景，还能让自己的构筑物融入居民的生活中，因而在选基地等问题上再三考虑。机器人公园是小镇居民夜间散步之处，在那里的四个小组将竹构作为休憩停留之所；横路湿地是大溪汇入四明湖之处，人迹罕至，仅有黄牛在此信步，在那里的两个小组则着力于将竹构作为湖口景观和放牛人的庇护之所。

让人难忘的是，收工那天，有老乡为同学送来一只腊鸭和一瓶自家酿的果酒。这大概是对同学们工作最大的肯定了！

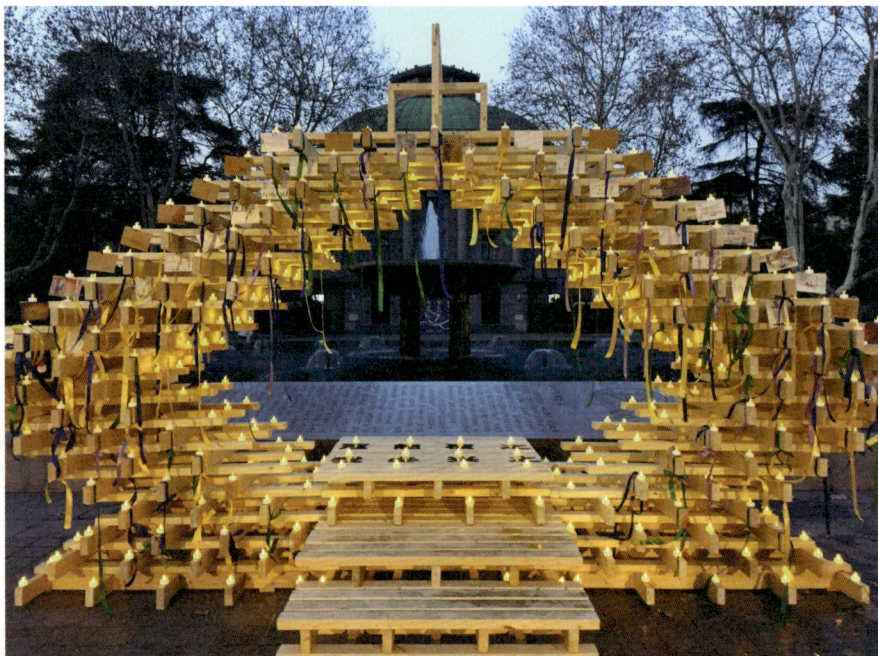

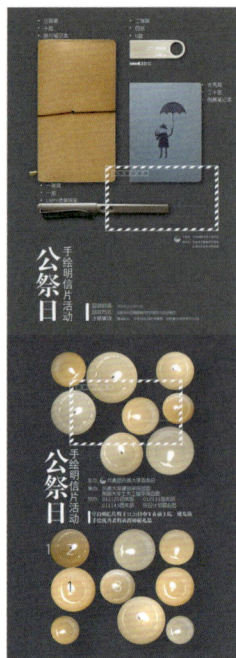

木构心间
Hearty Wood Construction

时　　间：2014 年 11 月 24 日至 12 月 13 日
地　　点：东南大学四牌楼校区大礼堂喷泉前
参与者：012121 班　012131 班　011143 班

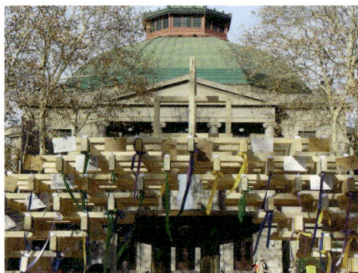

首个国家公祭日系列活动

该系列活动包括举办"国家公祭日"祭坛构筑物设计竞赛、搭建构筑物、举办南京大屠杀照片展，及公祭日当天默哀宣誓等。

2014 年 12 月 13 日是首个南京大屠杀死难者国家公祭日，为了让同学们能"牢记历史，勿忘国耻，凝聚力量，奋力拼搏"，同时彰显建筑学院特色和学生风采，建筑学院举办了以"国家公祭日"为主题的临时祭坛构筑物搭建活动。在国家公祭日祭坛的设计建造活动中，同学们着力于运用已有知识探索临时构筑物和文化的联系，并尝试传统与现代结合的手法，来实现兼具空间与形式力量的构筑物，并以此表达对大屠杀遇难同胞的哀思。

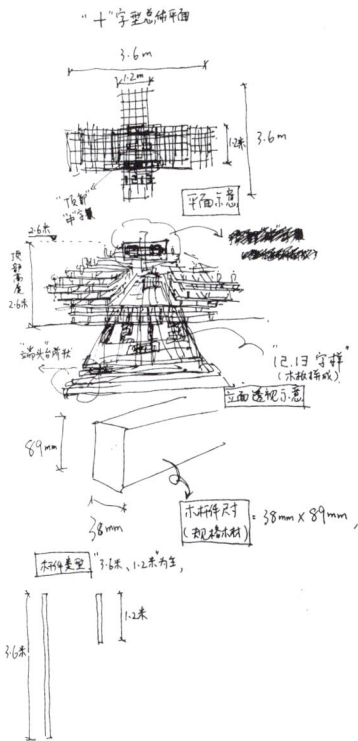

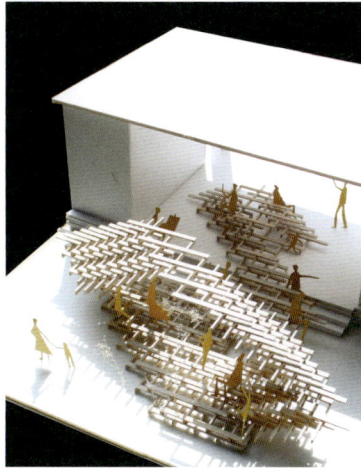

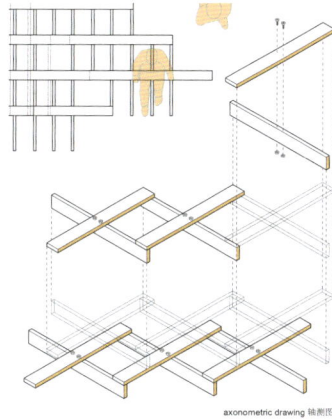

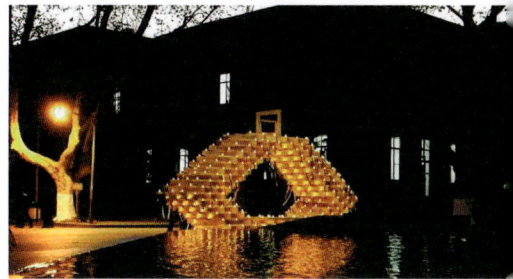

1. "覆兴坛"夜景照片
2. 活动海报
3.-4. 手绘明信片
5.-7. 韩晓峰老师设计手稿、图纸
8.-11. 搭建过程照片

axonometric drawing 轴测图

"覆兴坛"建造

"寇能覆之，我必兴之"——东南大学建筑学院为首个国家公祭日搭建的祭坛构筑物"覆兴坛"。

2014年11月24日至28日，同学们在老师的指导下，综合造型、功能、建造等问题对方案进行了修改与完善。"覆兴坛"最终于12月5日至12日由同学们亲手在大礼堂涌泉池前搭建。之后大家还将自己手绘的明信片以及丝带挂在祭坛上以寄托哀思。

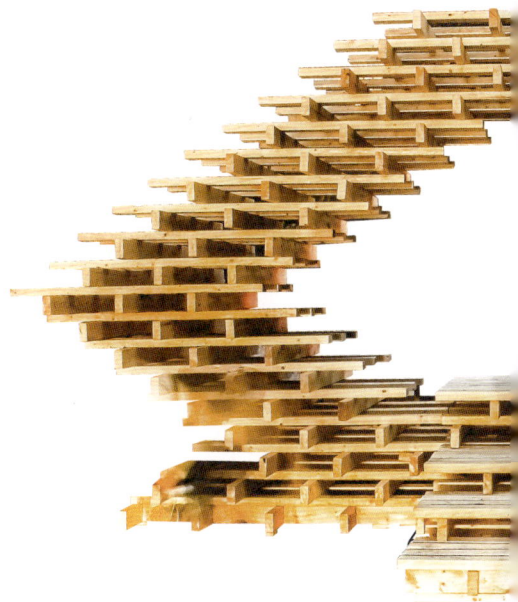

金宸希望小学
Jinchen Hope Primary School

时　　　间：2008 年至 2011 年
建成地点：云南省保山市昌宁县
　　　　　安徽省潜山县
　　　　　安徽省望江县
　　　　　安徽省霍山县
参　与　者：东南大学建筑学院本科生

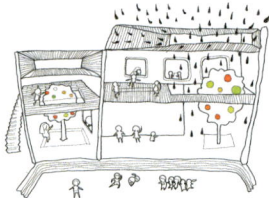

1.2. 原校舍
3. 竞赛建成校舍

创造希望的设计

参与设计竞赛的同时达到慈善的目的。

为了支持高等教育事业的发展，加强企业与高校的联系与合作，同时激励学生关心、参与社会公益事业的热情，南京金宸建筑设计有限公司在东南大学设立"金宸希望基金"，用于奖励建筑学院学生参加"金宸希望小学方案设计大赛"的建筑方案创作设计优胜者。

设计要求在贫困的乡村环境及较低的造价下设计建造一所希望小学综合楼，解决基本使用问题的同时，为留守儿童创造舒适的空间。

同学们希望在尊重地域建筑合理的基础上，对乡民熟悉的建筑特征和社区空间再加工，结合"守望"这一主题，为贫困山区的孩子带去"家"的温馨。

提交的方案成果由东南大学、金宸建筑设计有限公司及希望小学共同组成的评审团进行评审，每届评出一等奖 1 个，二等奖 2 个，三等奖 3 个，以及参与奖若干。

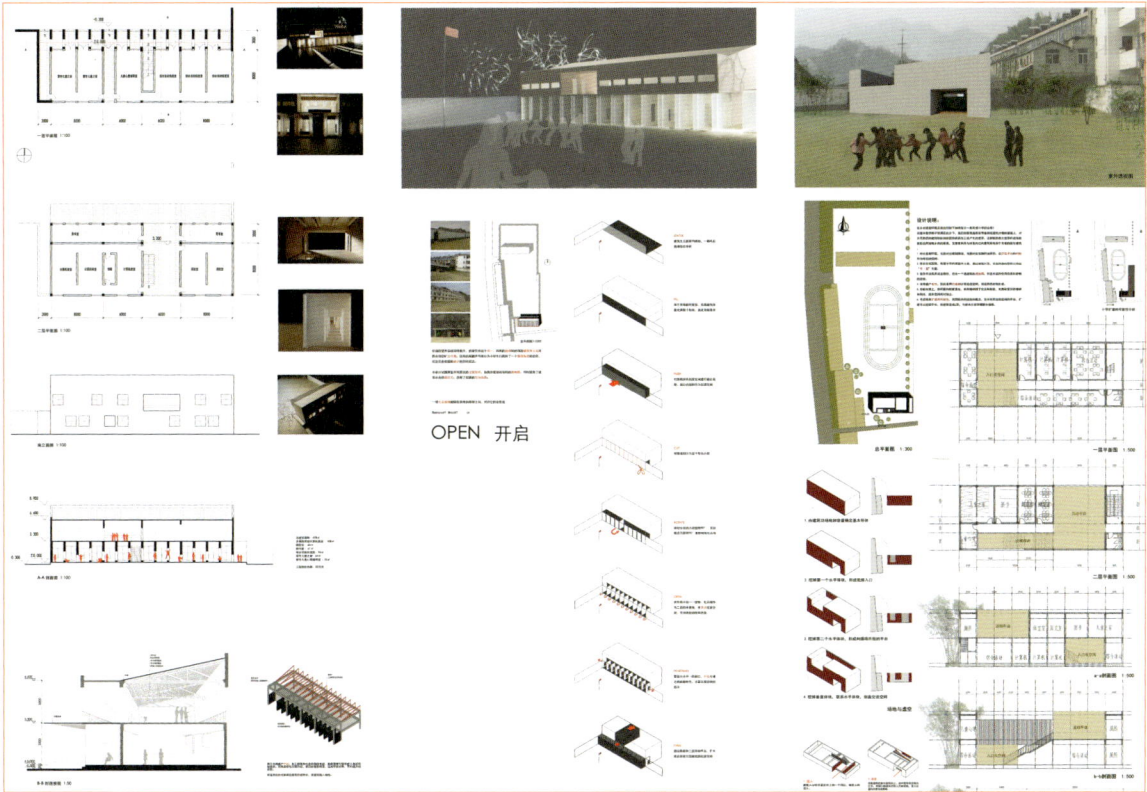

OPEN 开启

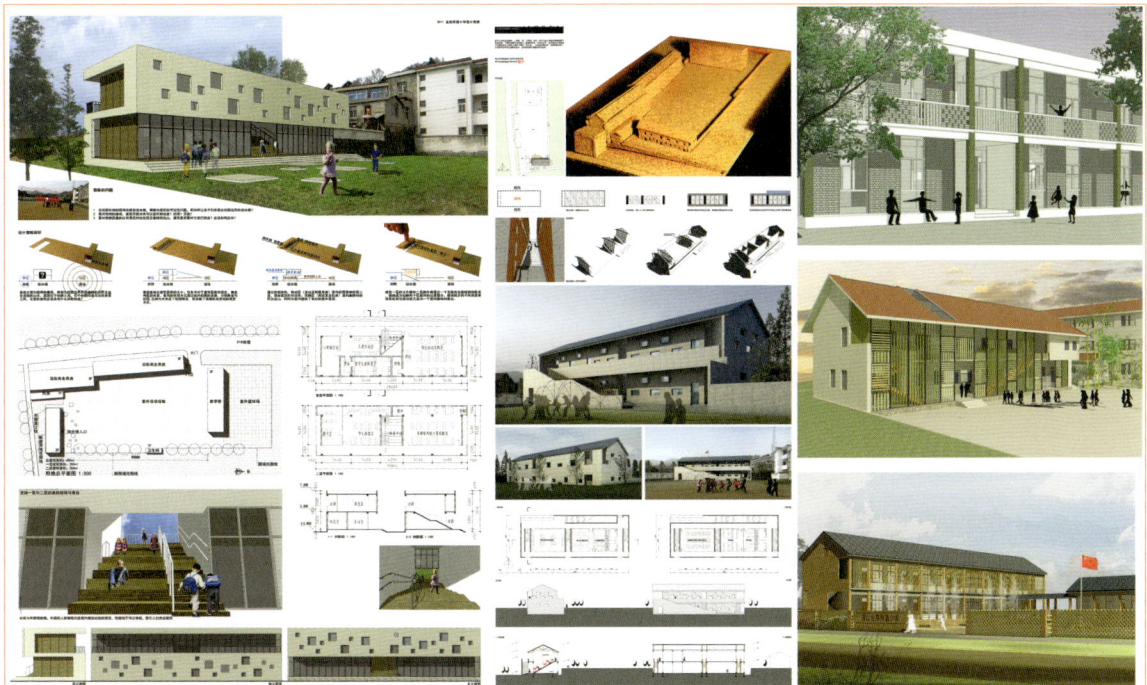

学生参赛图纸

感与悟
Reflections

一隅之筑

丁文鹏:
与设计课的课题最大的不同就是，甲方和设计方其实都是我们同学自己，各种细节的推敲也都需要我们自己进行，变得非常具体而微，特别是要考虑钱的事儿，也真正体会了一把建筑师的责任。

竹构乡间

李东耘:
因为曾经做过竹构的作业，这次去余姚继续当老竹匠就觉得驾轻就熟。只不过这次要求体量更大，耐久达一年以上，衷心地祝福我们的竹构能坚持到明年今日。希望以后"搬砖"也会有这样大方的甲方。

金宸希望小学

兰文龙:
这对我而言是一段难忘的经历：明确分工的团队不仅最大限度地发挥出各自的专业特长，而且为我们节约了大量的时间，使我们在忙碌的大四下半学期也有空闲参与竞赛的可能。评委老师这样评价我们的作品: 相较而言更具有工程"完整性"，我想是得益于这次"Team work"的大胆尝试吧!

Solid 工作室

高小涵：
Solid 工作室是我们从小小建筑师义卖团队转型过来的一个一起探究混凝土的趣味的小团队。在这之中我们在 Solid 遇到了很多有趣的人，也创造了很多有趣的作品。Solid 是课外的一份美好的记忆！

微筑竞赛

王正欣：
微筑竞赛从图纸到方案最终建成经历了很多轮的方案修改和讨论，不断地深化最初的概念。很荣幸最终能够获得优胜奖，经历了本科阶段第一次真实建筑的建造。在不断讨论修改的过程中才真切地体会到了设计中我们在尺度感上的不足，但还是很兴奋看到自己的方案最终变成了现实。

help!

牟晨文：
很多小动物都需要一个温暖的家，我们想用积木给它们创造一个有趣的生活空间，就像我们每个人生活的地方。刚刚大一的我们做这样的设计完全靠自己天马行空的想象，没有那么多的限制！

Generation to Next

薪火相传

薪火相传，生生不息

Generationg to Next，Circle of lives

文／庞志宇　建筑系2013级本科生

东南大学建筑学院历经九十年寒暑，即将迎来她的九十华诞，而我们有幸作为在读本科生，可以在学校读书期间见证这一盛事。对于从中大院走出的每一代学生而言，从哪里来、往哪里去都是一个永恒的追问，我们这一代学生也不例外。"薪火相传"这一章，归根结底是在回答这样一个问题：我们青年学子到底从师长那里传承了什么，我们又能传递些什么。

回眸历史，追忆泰斗的风采。杨廷宝先生是中国近现代建筑设计开拓者之一，他的作品遍及大半个南方。在"如果我是杨廷宝"这一活动中，我们想象自己就是当年的杨廷宝先生，手执尺规，目光如炬，一笔笔勾勒出南京城的风貌。踏遍南京，我们寻访先生的设计作品；伏案绘图，我们揣摩先生的设计思路；多元表达，我们更是有着不输先生的风采。薪火相传，传的是孜孜以求的严谨求学态度。

一脉相承，我们沿着大师的足迹不断学习。在今天的东南大学建筑学院，大师云集、百家争鸣，齐康、钟训正、程泰宁、王建国……大师们的名字灿如星辰，照亮了这一方天地。在这样的环境中成长和学习，我们自然不会错过与大师们面对面交流的机会。"与师谈"系列活动中，我们明白了建筑师的文化坚守，明白了做社会需要的建筑，明白了风物长宜放眼量。薪火相传，传的是铁肩道义的担当。

承前启后，学院里的男神女神老师们，是我们最为亲近的学习楷模。在"建筑师的二十岁"活动中，我们得以了解到老师们在我们这个年纪里求学的历程。老师们谈起当年种种趣事，为了得到同学们的钦佩学习当时新潮的计算机绘图技术，为了早起而在数九寒冬盖着薄被，为了水墨渲染图和同学发生争执而又很快和好，为了多些零花钱勇敢走出校门做项目……"建筑师的二十岁"不是正襟危坐的学

术访谈，而是在大家的欢声笑语中。薪火相传，传的是建筑生活中的脉脉温情。

继往开来，学生之间的传承也从来没有间断。如今，除传统的高低年级答辩前互助出图做模型的模式之外，我们又开展了很多高效的交流方式。一年一会的毕业去向交流会，各路大神学长学姐都会走到台前，为大家分享出国、读研、工作的种种经验。不定期举行的绘图、建模讲座，更是由高年级数一数二的技术达人，向低年级讲授各种设计表达技法。薪火相传，传的不仅是那些具体而微的技法技巧，更是互帮互助的精神。

弦歌不绝，在建筑学院尚学氛围的熏陶下，同学们也会自发地担起传承的责任，向社区播撒知识的种子。"小小建筑师"活动一直是我们引以为傲的志愿服务活动，同学们在翠竹园社区教孩子们绘画，在成贤社区微课堂启发孩子们自主创作设计作品，在高芒山区让孩子们了解外面的世界。公益的灯火不会熄灭，奉献的爱心不会停转。薪火相传，传的是不求回报的公益奉献。

一万年太久，只争朝夕；九十载漫漫，还看今朝。借着这本书出版的机会，我们这一代青年学子有幸可以梳理一下这条薪火相传的线索。我们的火种来自于代代传承的气质和意识，我们的燎原之势面向的是更加复杂的环境和更为广阔的未来。

寻找久远的记忆
Trace the Memory

"民国时杨廷宝先生建了大半个南京"，他的设计作品就在我们身边。东南大学四牌楼校区的南门、沙塘园食堂、中央大学图书馆……

除了众多的建筑作品，杨廷宝先生对待建筑的作风、态度和他设计背后的思想无疑是我们广大建筑学子自主研学的最佳选择。"如果我是杨廷宝"活动让我们从最本源的出发点开始，设身处地地了解杨老的设计、体会建筑的魅力。

如果我是杨廷宝
If I were T.P.Yang

时　间：2016 年 7 月至 8 月
地　点：东南大学四牌楼校区前工院
参与者：东南大学建筑学院 13 级本科生

部分学生研究成果

设计再现

运用多种表现手段，研读杨廷宝设计作品。

杨廷宝先生长期致力于建筑设计与教学工作。在学习了中国近现代建筑史的课程之后，同学们对杨廷宝先生的作品设计产生了极大的兴趣。于是，在沈旸老师的指导下，13级本科生对杨廷宝先生的建筑进行调研分析和局部测绘，通过重绘平立剖面图、制作分析图、渲染透视图、拍摄短视频等多种手段再现了杨廷宝先生的设计，充分学习其建筑设计思想方法。

2016年是杨廷宝先生诞辰115周年。借此机会，建筑学院本科生举办一系列相关活动，让同学们领略建筑大师杨廷宝的风采，希望将杨廷宝先生做建筑的态度和精神发扬和传承下去。

活动期间，东南大学的志愿者带同学们参观了杨廷宝先生在南京设计的一大批建筑作品，增进了不同地域学生之间的友谊。

杨廷宝建筑作品走访路线

"重走老南京"

利用建筑新人赛的机会，游览南京地区杨廷宝设计的一大批作品。

在 2016 建筑新人赛期间，志愿者们利用全国各地学子齐聚南京的机会，以杨廷宝先生设计的建筑作品为线索，参观了南京地区的大量文物古迹以及知名的建筑。

同学们在参观过程中充分体会了古老南京的独特魅力，并进行了小范围的交流研讨活动，分享了各校学生的学习方法。

通过联谊和研学，杨廷宝的设计方法和治学经验得以广泛流传。我们不仅仅是在内部实现了东大人的自我传承，更是实现了对外的精神传递。

全国各地学子走访杨老作品

成果展览

在东南的逸夫建筑馆门厅集中展出了同学们的研学成果。

在对杨廷宝建筑的实地考察和文献资料的分析基础上，我们将自己的研学成果通过图纸、模型、作品册、视频等多种形式进行表达，并于 2016 年 8 月 20 日至 31 日借 2016 建筑新人赛的平台进行集中展览，以期将杨廷宝先生的严谨作风和学生的研学精神传递给更多的建筑学新人。

展览期间，展厅每天吸引大量的观众前来参观。其中有东南大学的师生，也有周边社区的居民，还有很多南京地区的建筑爱好者。活动得到了良好的社会反馈，同学们也在这个过程中体会到了研究成果受到认可之后的成就感。

展览现场

沿着大师的足迹
Along Masters' Tracks

建筑学院的开山者们早已远去，这实在是一件让人唏嘘感慨的事情。但是，在今天的东南大学建筑学院，依然是一个大师云集、百家争鸣的地方。在这样的环境中成长和学习，我们也自发学习到了很多学术和精神的传承成果。

综观这些大师前辈，作为建筑师，他们用功勤奋，勤于探索，心怀止于至善孜孜追求；作为老师，他们淡泊宁静，兢兢业业，怀揣一颗真心言传身教。

沿着大师的足迹，我们考察参观、研习先例、交流访谈……徜徉其中，我辈学子虔心求教，学习大师的操作手法，学习大师的思想理念，更学习一代建筑大师的精神与气魄。

齐康红色建筑研学活动
Study on Qi Kang's Red Architecture

时　　间：2011 年 5 月 14 日至 6 月 15 日
地　　点：江苏南京北极阁科学会堂
参与者：东南大学建筑学院本科生

本次系列活动是通过研学、访谈、展览三个层次来研究齐康院士的红色建筑。建筑学院学生将专业知识与弘扬主旋律联系在一起，以纪念建党九十周年的峥嵘，凝思沉淀在建筑中的历史。

研学是以亲身感受的方式研究齐康院士红色建筑的设计手法，访谈是以交流的方式加深对齐康院士红色建筑内涵的理解，展览则是以宣传的方式将之前的所做所想展示于世人，宣传红色建筑的意义，弘扬主旋律。

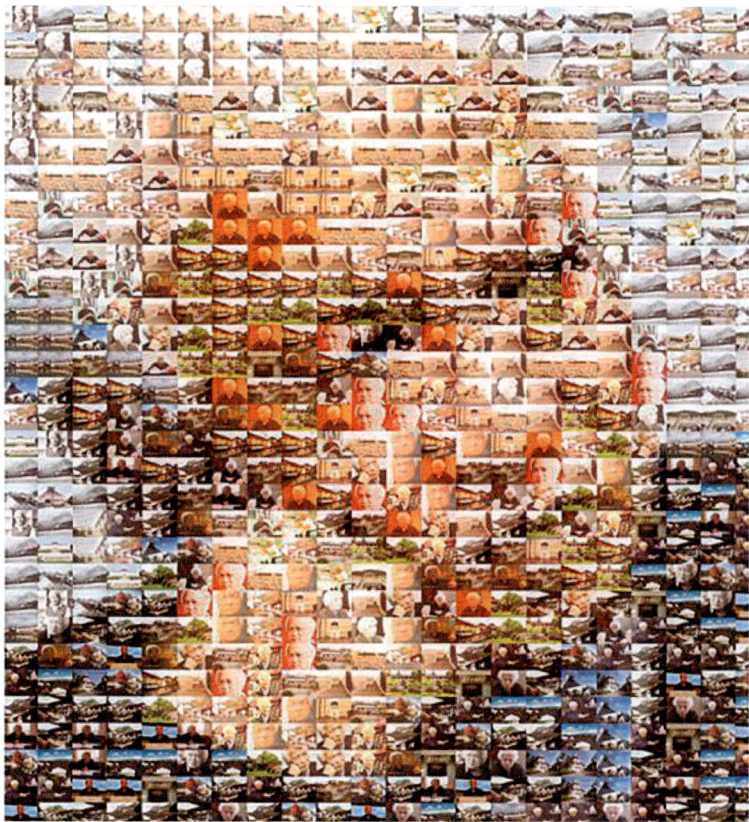

大师方案研究

通过实地参观、模型制作等方法研究大师方案。

为了深入了解齐康院士红色建筑的内涵，2009级本科生党支部联合学生会组织同学进行了研究学习，主要采用现场观摩和模型推敲相结合的方式，将书面的介绍与实地的感受经历结合起来，使得我们对这些建筑的理解不仅仅停留在图面，真正达到了研学的目的。

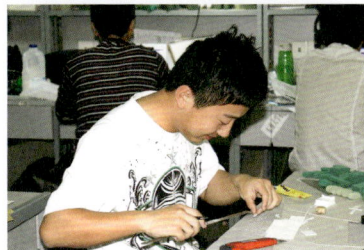

实地参观、模型制作照片

"我眼中的齐康院士"

对齐康院士学生们的采访。

在这次齐康院士的红色建筑展中，睢佳俊、秦晓婉、吕正音、张颖、姚严奇等同学历经了一周的准备与忙碌，负责收集、拍摄、制作齐康院士的视频资料。不论是央视节目《大家》中的访谈，还是院士与学生的面对面，我们都试图通过另外的角度去解读我们身边的这位建筑大师。

采访照片

研学成果策展布展

为了更好地布置这次会展的现场，志愿者们多次前往科学会堂现场测绘和勘察，利用SU等建模软件进行会场设计，提出了许多设计方案并进行深入发展。

开展当天齐康院士在众多老师同学的陪同下来到展会现场并参加了开幕式。整个展览持续了一周时间，前来参观的各界人士络绎不绝，并吸引了多家媒体报道。

展览现场

我与大师零距离
Face to Face with Masters

时　间：2010 年至今
地　点：东南大学建筑学院
参与者：东南建筑建筑学院本科学生会

尊师重教的传统

每年定期对先生们的慰问访谈。

东南大学建筑学院建院长久以来尊师重教的学风代代延续。每年教师节，我们都自发组织探望一些老先生，听他们说说自己学生时代的美好回忆，谈谈多年以来的教学经历，还有对新一代建筑学子的期待。我们将零距离访谈后整理出的文字图片，发布在院刊和微信公众平台上，大师们的学术精神和为人秉性由此传递。

1.-2.
王建国院士访谈现场

钟训正院士：生活的大师

钟院士虽已至耄耋之年，却依然精神矍铄、慈祥和蔼、开朗健谈。探访期间，钟院士和我们分享了很多他年轻时的故事和绘画经验，并对现在的建筑系学生提出了恳切的期望：注重实践、关注动态，广泛阅读以开阔思路。

此番探望，同学们感受到了钟老在绘画、建筑技艺上止于至善的追求，与其生活中平静、充实、幸福的艺术，大师如是！

程泰宁院士：守护文化

3.-4.
钟训正院士访谈现场

在本次访谈中，程院士以其极其丰富的人生阅历，结合他自己设计的经典作品，畅谈了中国传统文化的继承与传承，讲述了现代建筑与中国文化的关系。程院士告诉在场的同学们：作为一名建筑师，我们应该注重中国的文化，做只有中国建筑师能做的东西。要放眼当今的世界，用自己的思想解决问题。访谈带给在场师生深刻的启迪与教育。

访谈中师生互动积极，气氛融洽活跃。杨浩辰同学还向程院士赠送了自己的水彩画作。

王建国院士：求真不求胜

5.-7.
程泰宁院士访谈现场

此番拜访，去的是王建国院士的工作室。谈到建筑学院同学们的学习，王院士展现出深切关怀，认为低年级的学生刚接触建筑设计的基础，此刻就像是海绵吸收着大量的知识与信息，但因为缺乏选择的能力和基本的表达技能，当要把所有东西归结到设计的一个点时，则会显得心有余而力不足。因此王院士建议一开始要勇于尝试多种设计线路，在试错的过程中找到适合自己的方法。

"风物长宜放眼量"，最后，王院士寄语同学们视野放广，心态放平，同学之间应少一点猜忌攀比，多一点信任合作。

建筑师的二十岁
Architects in their 20's

人在 20 岁，正处于求学阶段，怀揣着梦想，心绪与情境往往耐人寻味。我们邀请活跃在各个领域的建筑学院毕业生，让曾经校园里的"新人"与现在校园里的"新人"进行面对面的交流。

"建筑师的二十岁"呈现两代人的思想历程，提升东南大学学子的综合素质，使得学生、校友、教师有所收获，创造文化传承的良好氛围；发挥青年人的主观能动性及独创性，拓宽学生视野，帮助解决学业上的迷惑；传承老东大人止于至善的文化情怀，激发新东大人爱校情怀。

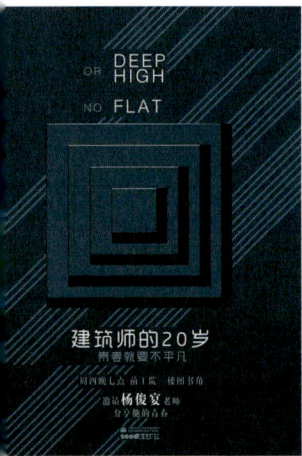

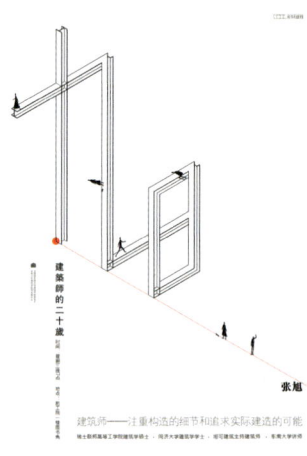

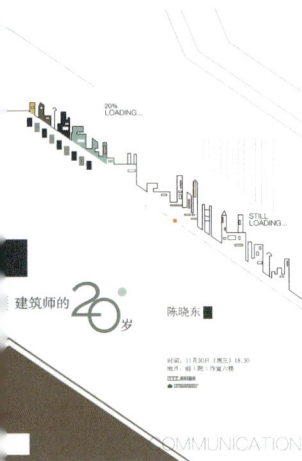

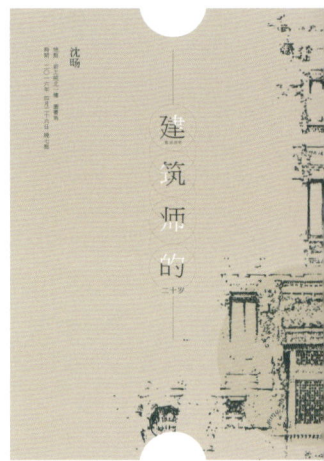

活动海报

■ "东南学人"的二十岁
SEU-based Scholars in their 20's

时　　间：2015 年 5 月 30 日至 5 月 31 日
地　　点：东南大学四牌楼校区
参与者：东南大学建筑学院本科学生会

89 级校友谈 20 岁

有活力的岁月。

1988 年后的东南大学，是一个急剧变化的环境。朱竞翔、李立、胡斌三位老师都是 89 级的学生，他们因"东南建筑学人论坛"团聚，交流对当下建筑传承与创新的思考，并做客"建筑师的 20 岁"，聊一聊他们 20 岁时的校园生活。老师们当年激情洋溢的青春故事令大家感慨万分。

89 级校友访谈现场

81 级校友谈 20 岁

艰苦奋斗的日子最是难忘。

相比 89 级，81 级校友当年的生活要清苦得多。同学们与贾倍思、王晓东、汪恒、钱强、王静 5 位老师共度午餐时间，老师们回忆起当年在四牌楼读书的情景，谈及食宿、熬夜赶图、恋爱等话题，竟然和我们今天十分相似。对比我们的良好学习条件，老师们希望我们抓紧青春年华，认真学习，争取做到"今天我为东南自豪，明天东南为我骄傲"。

81 级校友访谈现场

我身边的"男神""女神"
The Charming around Us

时　　间：2015年至今
地　　点：东南大学四牌楼前工院
参与者：东南大学建筑学院本科生

杨俊宴　　　　　　　　　　　　　　吴程辉

2014年3月26日

2015年4月21日

2014年11月20日

2015年5月19日

单踊

张旭

多角度研学

学院里各种各样的老师，为我们的 20 岁提供了多样化的借鉴。

建筑师的 20 岁，是建筑学院学习部在结合历次讲座、文化沙龙、纪录片放映等活动的经验上新组织的活动，由建筑大师、建筑教师、东南大学历届校友和学生共同参加，相互交流与分享。这个活动集合了建筑学院团学联学习部、宣传部、外联部、记者团、新媒体中心等多个部门的力量，既保证了活动能够高效完善地进行，又促进了各部门之间的交流与合作。

从活动策划到邀请老师，从前期宣传到会场布置，从现场交流到后期总结，都是东南大学建筑学院的学生们一手完成的。每个流程层层相扣，缺一不可。渴望与老师们交流，渴望继承东南建院人的性格特征，正体现了我们建筑学院学生自主研学的精神。

汪晓茜

2015 年 11 月 4 日

2016 年 4 月 26 日

陈晓东

2016 年 3 月 29 日

2016 年 11 月 30 日

下个 20 岁会是谁？

蔡凯臻

沈旸

建筑师的 20 岁交流现场

老师寄语

如果可能，你会对 20 岁的自己说什么。

"需要认清当下建筑这个行业的趋势，我们应该拥有一个新常态的心态。建筑师还是一个手艺人，而前几年高速的发展快要把我们从手艺人变成生意人了。我们可以换个角度看，市场景气与否并不重要，只要有人在就需要营建或改造空间，建筑设计者们手艺就一直会存在，若热爱就要关注如何提高自己的手艺。同时也要认识到我们可以利用已有的知识去从事其他工作。"

——张嵩老师寄语

"就算人生是个梦，我们也要有滋有味地做这个梦，不要失掉了梦的情致和乐趣；就算人生是出悲剧，我们要有声有色地演这出悲剧，不要失掉了悲剧的壮丽和快慰。"

——汪晓茜老师寄语

学长学姐经验谈
Experience from Seniors

在东南大学建筑学院学习和生活五年，学习能力和经验会有质的提升。毕业季，即将离开学校的毕业生，将把他们五年的经验传授给低年级的学生。在这里，最优秀的学长学姐会帮低年级学生打开一扇门，让他们站得更高，看得更远。对低年级来说，毕业不再遥不可及，人生的规划趁早做起。

此外，对于低年级的同学来说，很多计算机辅助工具是一个难题。建筑学院团学联为此组织了大量关于Photoshop、Indesign、CAD、Vary讲座，继承东南建筑学院多年以来的传统，不断向下传递各种知识技能。

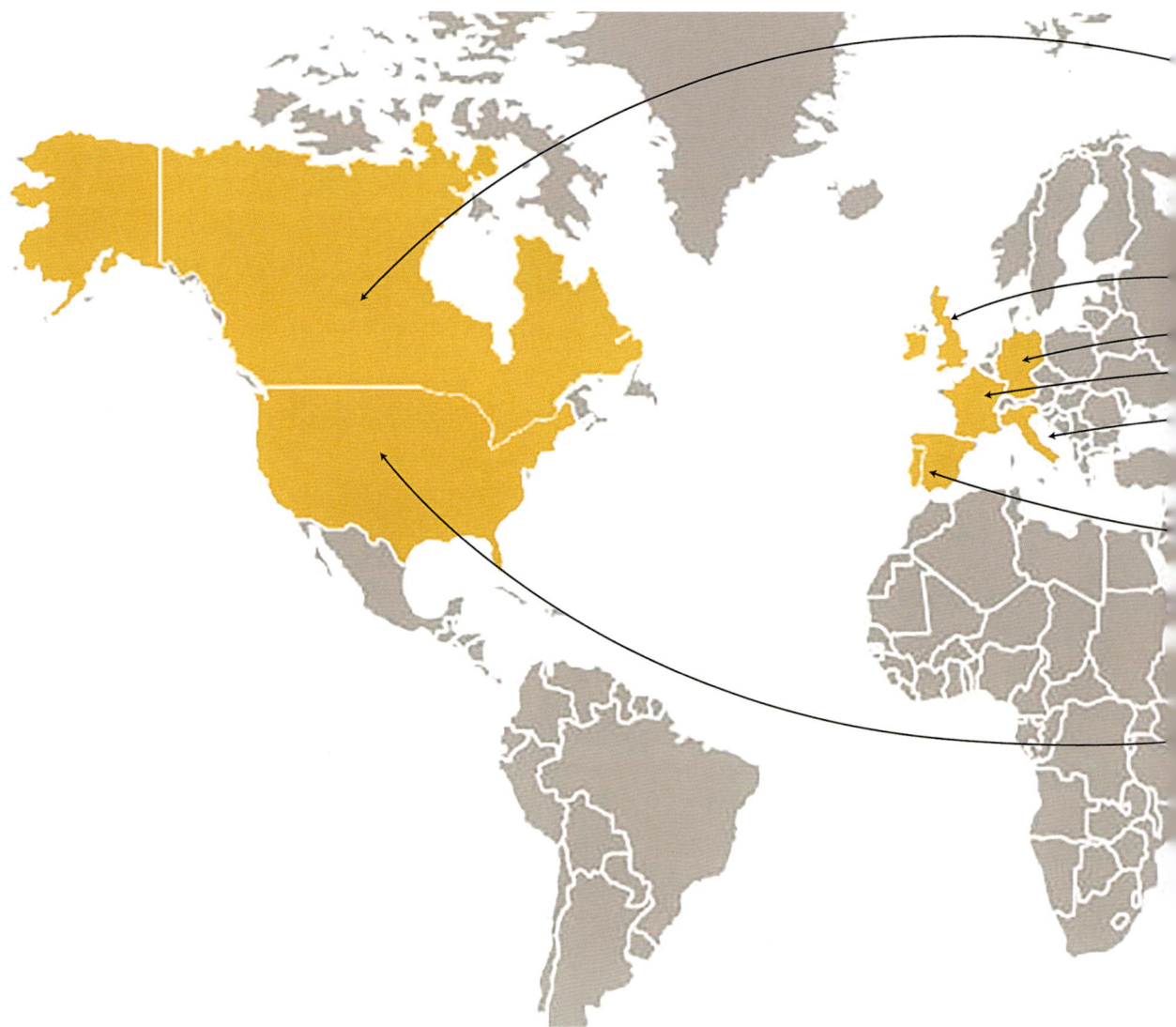

留学经验交流会
Exchange of Abroad Experience

时　间：2010 年至今
地　点：东南大学四牌楼校区
参与者：东南大学建筑学院本科生

计划出国留学的同学们经常面临信息闭塞，准备滞后的问题，他们感叹："如果当时努力学习绩点能再高一点""如果当时这个设计模型制作能多花点心思""如果能早一点了解国外的学校"……

基于这样的原因，我们组织了出国经验交流会。毕业生在百忙的毕业季中能抽出时间为低年级学生呈现精心总结的经验，将自己的经验毫无保留地分享给同学们，甚至是自己的成绩单和时间表。

交流会氛围轻松愉快，互帮互助在大家的欢声笑语中传承了下去。

高年级学生讲授留学经验

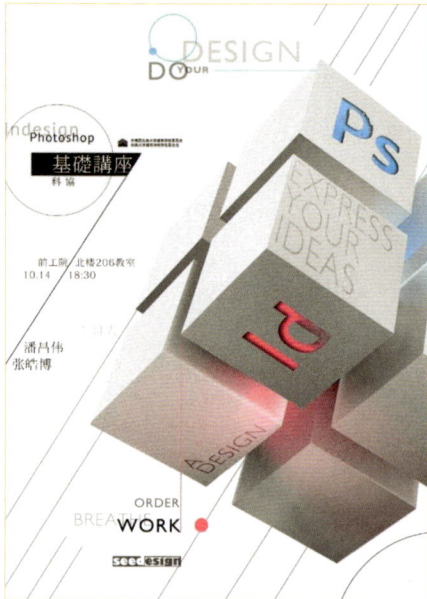

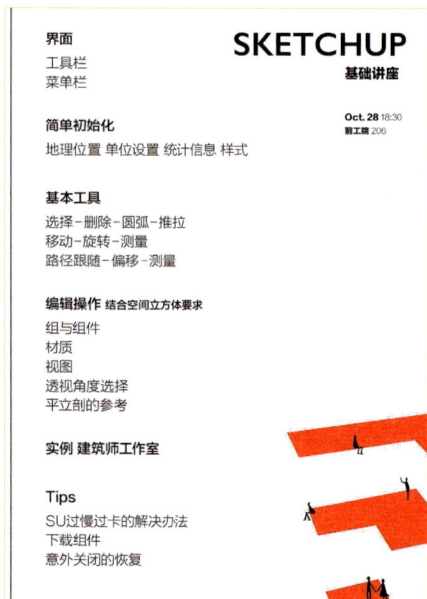

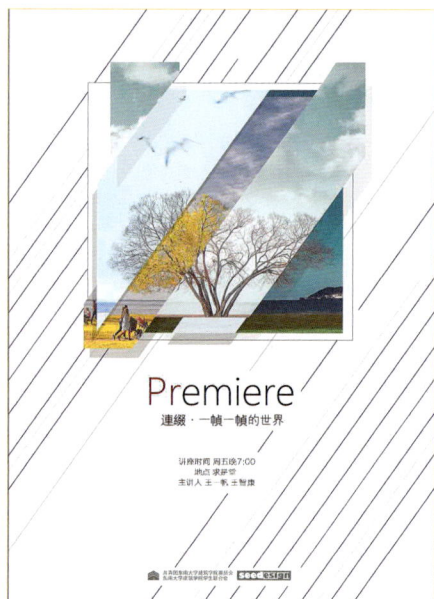

讲座海报

学习经验交流讲座
Share of Study Experience

时　间：2014 年至今
地　点：东南大学四牌楼校区
参与者：东南大学建筑学院本科生

模型制作和软件出图是每一位建筑学院同学必须掌握的技能。初至建筑学院，低年级同学往往对突如其来的软件学习手足无措，或者面对模型材料时也不知道如何有效地把它们组织起来。

每一年，建筑学院学生联合会都会邀请高年级学子总结自我所学、所悟、所感，以讲座的形式主动分享。所分享的内容始于但不止于技能本身；所传承的精神始于但不止于分享本身。

1. 正在讲授的学长
2.3. 同学们认真听讲

小小建筑师系列
Little Architects

这是一隅温暖的天地、一段奇妙的旅程。志愿者与孩子们手牵着手一起画出、做出孩子心中极富童真的设计，让孩子们在玩中学，在学中玩。

是什么让我们选择来到了这里？

是孩子们的纯真的笑容、明亮的眼神、奇特的想法……这一切的一切，都深深打动着每个参与到其中的人。这里的故事还在继续，这里的爱与责任也将一直传承下去……

翠竹园社区助教
Assistant at Cuizhuyuan

时　　间：2013 年 12 月至今
地　　点：南京市玄武区翠竹园社区
参与者：东南大学建筑学院志愿者

志愿者接受采访

赠人玫瑰，手留余香

在帮助别人中寻找自己的社会价值。

"小小建筑师"公益项目旨在帮助学龄儿童获得更好的教育资源，特别是农民工子弟、留守儿童等。建筑学院的志愿者们参与教学，教授孩子们与建筑相关的知识，让他们在欢乐、自由的气氛下学习。

该项目自 2013 年 12 月开展以来教授了近百名孩子。除平时的教学活动外，另有寒暑假活动以及每年一次和孩子共同成长的助学活动。孩子们在这里可以体验到小设计里也有大乐趣。

翠竹园社区精彩活动记录

润物细无声

教会孩子们看待世界的方式。

孩子们在这里学习画画，写设计说明，认识地图、图纸，了解历史地理，还会将自己的设计作品进行模型呈现，学会团队合作和关爱的精神。我们在这里可以锻炼沟通能力，更增添了自身的社会责任感和使命感。志愿者们用一种润物无声的方式，通过有趣的课程、精彩的活动把学习的乐趣传递给下一代。课程的目的并不是希望大家长大成为一名建筑师，而是希望通过小小建筑师活动能够让孩子们学会什么是责任、自律、民主、尊严还有爱。

成贤社区微课堂
Micro Class In Chengxian Community

时　　间：2016 年至今
地　　点：南京市玄武区成贤街社区
参与者：东南大学建筑学院志愿者

第二课堂

孩子们放学后的自我成长。

成贤微课堂设立的初衷，在于解决新街口街道成贤街社区辖区内就读于南师附小的学生的学习问题。他们在放学后，面临家长不能及时接回孩子或孩子回家后无人指导学习的实际困难。

2016 至 2017 年成贤微课堂招生45 名，每周一至周五，16 点至 18点，按学期进行。志愿者们为孩子们答疑解惑，基本解决了孩子们放学后的学习问题。

同时，每学期安排几次建筑学院特色课程，给孩子们带来更加丰富的课堂形式，做到真正的第二课堂。志愿者也和孩子们在活动中建立起更深的感情。

成贤微课堂，培养的不仅是孩子们的学习能力，更是自我完善的能力。

志愿者们与孩子们的日常教学现场

公益不息

我们的最终目的是把关爱送到社会需要的每个角落。

这项活动是为社区困难家庭、外来务工人群的孩子提供的实实在在的援助，给他们带来更广的知识面，培养其从追求上能够光明向上、从道德行为上能够懂得感恩与关爱他人的和谐友爱的思想意识。同时，成贤街微课堂也是探索"三教"结合的一次有益的尝试：探索学校、社区和社会公益组织、优秀大学生、部队组织联办的方法，明确各自的责任以形成合力，从而发挥出最大的作用。成贤街微课堂服务全部公益性，打造常年公益服务平台。在这里，孩子们与志愿者们建立了温暖又纯真的友谊；在这里，公益的灯火不会熄灭，奉献的爱心不会停转。这里的故事还将继续书写下去……

高芒支教
Tutoring Students in Gaomang

时　间：2015 年暑假
地　点：贵州高芒
参与者：东南大学建筑学院志愿者

支教新力量

作为官方支教活动的一种补充。

小小建筑师也成为东南大学支教团队中一股新的力量。在高芒，支教的内涵更加丰富多彩。其中之一便是联合小小建筑师，从建筑学这一特殊的角度创新支教形式。此行以规划为主题，致力于南京与高芒两地的同龄孩子相联合，共同调研村落的社会问题、考察当地建筑形式、为高芒微中心测绘选址等，以提高当地软硬件设施、改善学习生活条件、为长期开发高芒旅游资源做铺垫，同时让孩子通过建筑了解外面的世界，提高美学修养，激发其通过学习走到外面去的动力。最终，在这次高芒之行中，我们为高芒测量、绘制了一幅地图，确定了微中心选址并完成了前期调研任务，为之后微中心的设计与建造打下了坚实的基础。

如果我是杨廷宝

庞志宇：

在完成作业探索过程中，我们逐渐形成了一种自我学习的积极性，随着对杨廷宝先生作品和治学的深入研究，逐渐体会到这种追根溯源的学习，有一种抽丝剥茧、不断深入的乐趣。最后的展览受到全国各建筑兄弟院校同学们的好评，也是对我们研学成果的极大肯定。

建筑师的二十岁

李昊伦：

在"建筑师的二十岁"活动中，我们邀请的都是在各个年级广受学生好评的教师，让他们分享自己在学校时的趣闻与学习经验。这样便拉近了老师与同学们的距离，促进师生之间更多的交流。而不像过去同学们与专业课老师的交流领域可能只局限于专业课等。

毕业去向经验交流会

叶波：

经验交流活动旨在为高低年级之间架起一座沟通的桥梁，促进交流，互相探讨和分享学习经验和毕业导向。对我们来说，毕业不再遥不可及，人生的规划趁早做起。"薪火相传"，建筑学院的互帮互助精神发扬光大，将一届届传承下去。

小小建筑师

高媛：

小小建筑师构建了一种我们与社会的关系，它通过社区这个媒介，让我们能够走出去，把建筑的知识、设计的趣味带给更多的孩子。在这个过程中，我们学会以另一种眼光看待建筑学，并把设计真正融入生活的方方面面：带领孩子设计社区书舍、组织设计自行车赛……

团队的协作在过程中也非常重要，备课、授课、组织活动、课程记录，每一位成员都参与到过程中，遇到问题一起思考解决，大家也因此结下深厚的感情。

Under the Dome

穹顶之下

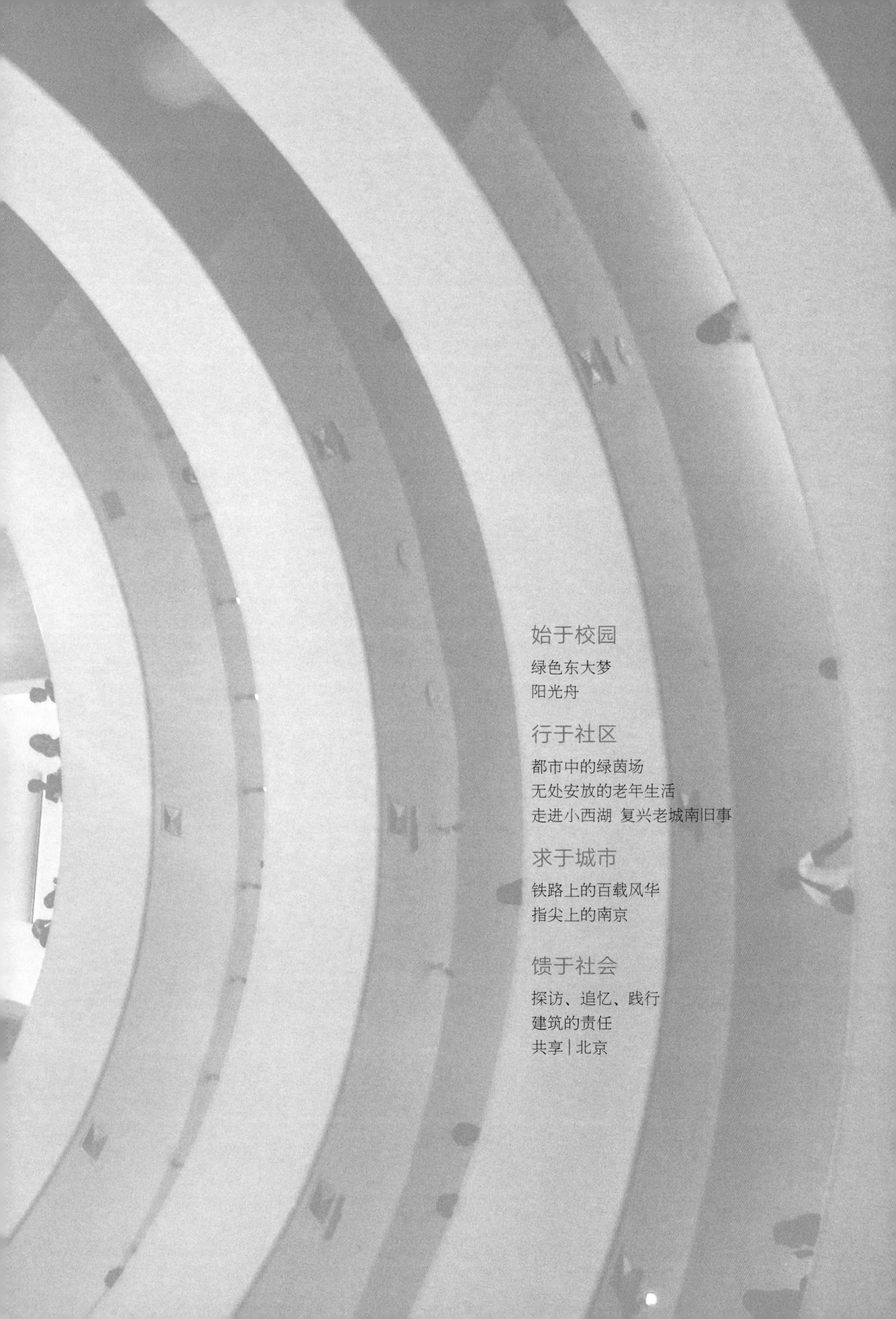

始于校园

绿色东大梦
阳光舟

行于社区

都市中的绿茵场
无处安放的老年生活
走进小西湖 复兴老城南旧事

求于城市

铁路上的百载风华
指尖上的南京

馈于社会

探访、追忆、践行
建筑的责任
共享 | 北京

学生时代社会责任探求
Enquiry for Social Responsibility

文 / 李伊格　城乡规划系 2013 级本科生

作为一名建筑师，伦理无立场的结果是精英意识迅速向消费文化靠拢，如果实证主义的技术体系中缺乏应有的立场，学生便可以在主观想象的范畴内进行"自由"设计。故虽然剑桥大学建筑学院的安德鲁·圣特（Andrew Saint）教授的观点"建筑是唯一的这样的行业：它的兴盛甚至生存取决于其阐释和集中一系列道德原则能力"多少带有矫枉过正的意味，但无疑，责任作为职业的基本内涵从未脱离现代建筑学讨论的范畴。所以我们在有关社会的自主研学中，不断地探索用知识回馈社会的道路，并且试图用自己的方式承担起建筑师的社会责任。

对技术的改革创新是回应社会思潮的首步，也是校园中的学生与社会联系最为直接的方式。"新技术是建筑文化发展的有机组成部分。值得注意的是，对建筑的文化属性来说，技术问题的判断却不在于新或旧，而在于其适宜性选择和能效性整合。"正如韩冬青教授所说,将理论技术与社会需求相结合，是学生对建筑等学科技术自主研学的核心。在国际太阳能十项竞赛中，我们建筑学院学生与其他学院学生共同完成的"阳光方舟"作品，就是在如何使传统民居与自然环境共生的背景下，利用太阳能达到能源自给自足的新型住宅，是一栋整合被动式技术与主动式技术的绿色住宅。这座新型住宅利用智能、模块化的科学技术实现社会与环境零能耗、舒适的需求。

基于技术方法视角更为广阔的是学生对于城市问题的研究发现，进而产生的城市空间的改造设计。从校园到城市，意味着更为多面性的思考、更为复杂化的矛盾冲突。其中对问题产生的追根溯源和对其背后的多维度理性的分析是城市问题研究的核心。城乡规划专业的四名本科生对南京足球场需求与利用情况进行了调研，通过对南京市秦淮区足球场的现状和市民对球场的需求的基础研究，对足球运动需求与场地供给的四类矛盾进行分析，进而总结分析产生供需矛盾的三大主要原因，最终针对城市中的足球场建设给出了城市规划等方面的建议与对策。另一方面，现状空间的解构与分析，对于多方参与者的利益协调是城市空间改造设计的核心。在建筑学院博士生和研究生党支部的小西湖社区的保护与复兴规划研究中，团队首先对小西湖社区进行了现场调研，并对重要的历史建筑进行测绘，最终制定出小西湖的改造复兴规划方案。尤为重要的是，团队先后两次步入小西湖社区，进行了问卷采访等调研和规划成果交流展，分别听取了居民的拆改意愿以及居民对方案的想法意见。团队还整理总结出政府、社区、设计团队和开发建设单位等多方参与者

对于改造的工作系统。

在学生有关社会的自主研学中，最为重要的是学生步入社会，在了解方方面面的社会现象后，逐渐意识到自身的社会责任。建筑学院的博士生党支部走入乡村，通过对乡村人居环境的调查，提出针对"城乡发展一体化"背景下的革命老区社会主义新农村的乡村环境改善建议。"农村无力抵抗城市扩张的洪流，正在快速地消亡或失去个性，村民的生存环境令人担忧，乡村文化也逐渐流失。作为城市规划专业的博士生，必须关注并努力改变农村的现状，改善农民的生活。"学生的感悟来自于切身的体验，来自于对于社会的不断探索，也证明了自主研学加强了学生对于农村的社会责任感。与此相似的是，2008级本科党支部深入汶川地震后的东南大学建筑学院参与援建工作的绵竹市广济镇，进行灾后重建的实地考察。通过和当地政府座谈、采访当地群众、观察当地生活状况等各种形式，了解广济镇居民生活各方面情况以及建筑设计在实际展开中遇到的一些问题和不足，并做出总结。灾后重建往往将建筑师推向社会关注的聚光灯下，而学生对于这些建筑的重新考察，就是对建筑师这一职业社会责任性的自我检查。建筑师的社会责任因灾后重建建筑得到了放大与强化，也使得学生更加认识到作为一名建筑师，担当的不只是设计、建造的任务，还有"大庇天下寒士俱欢颜"的使命。

作为东南大学建筑学院的学生，在学校我们完成了基础专业知识，在校外的社会实践则代表着我们向社会迈出了自己的脚步。对社区的改造、对城市的探求展示出建筑学院学生特有的回馈社会的方式，进而表达出对于建筑师职业社会使命感、责任感的理解与认识。在未来的时间里，我们不会停止探索，也不会停止对自身的反省，将会展现出更加崭新、阳光的东南大学学子风貌。

始于校园
From Campus

校园是我们学习专业知识的地方，也是我们迈向社会的起点，所以我们将在学校内用我们的专业知识承担起我们对于社会的责任。

而"绿色"是近年来颇受推崇的词汇，它不只是环保，还蕴含着一份对城市生态、对社会前景的关怀。通过"绿色东大梦"的党日活动和国际太阳能十项全能竞赛，我们不断完善对环保的理解。

关于什么是绿色，东大人正在给出自己的的回答。

绿色东大梦
Green Campus

时　间：2014 年 4 月至 6 月
地　点：东南大学四牌楼校区
参与者：东南大学建筑学院 2013 级
　　　　研究生第四党支部

校园植物调研

始于校园的绿色党日活动。

正所谓"十年育树，百年树人"，在这所百年学府中最能体现其历史的就是那些悠久的树木。为增进本校的同学对这些树木的了解，并向游客介绍棵棵苍劲古树，2014 年 4 月至 6 月，东南大学建筑学院 2013 级研究生第四党支部组织实现属于我们自己的"绿色东大梦"——开展美化校园环境、增强绿化意识和植物专业知识的相关党日活动，升级东南大学校园的文化环境，从而更好地展示东南大学的整体风貌。

活动内容有植物调研、树牌制作、绘制手绘地图、挂树牌活动和中央大道签名活动。从制作树牌时的精心设计，绘制地图时的细致考察，到选取观赏点的走访，匹配树牌的严谨核查，我们依靠自己的力量美化校园，为百年级东南大学注入新的活力。

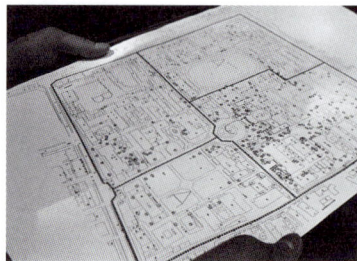

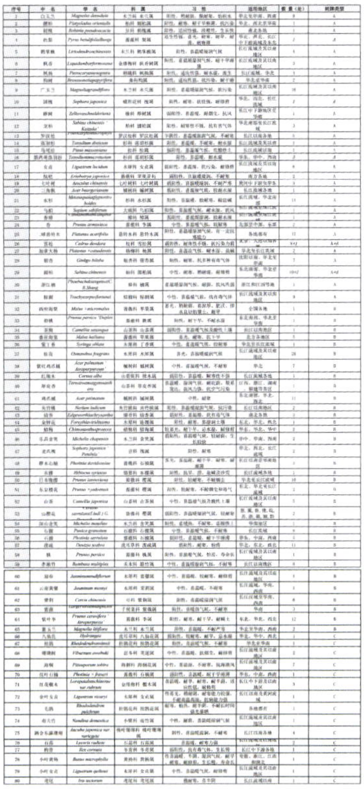

1. 树种测绘图
2. 树种习性表
3. 树牌设计图纸
4. 树牌现状

1	2
3	4

制作植景地图

根据前期的校园树种测绘图，制作东南大学四牌楼校区的树木四季观赏植景地图，方便大家找到自己感兴趣的树种和欣赏风景的最佳位置。

树牌设计

调研东南大学四牌楼校区的主要植物分布，并整理相关的植物信息成表后，同学们设计了树木名牌，分为古树名木树牌、普通大树牌、普通小树牌以及插地树牌四种树牌形式，其上简要地介绍了树木的名称、科属、习性、分布等内容。

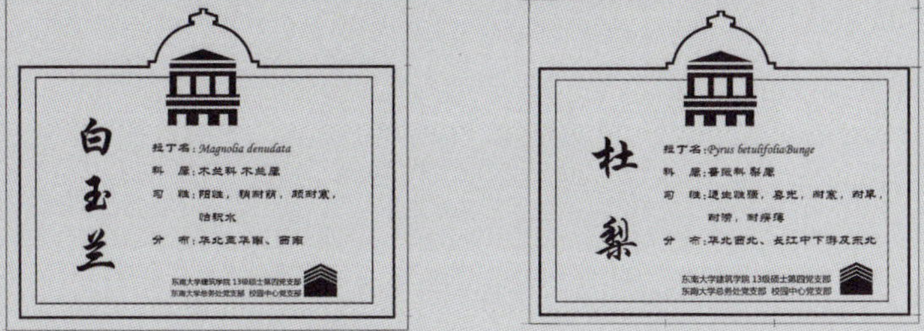

■ 阳光舟
——国际太阳能十项全能竞赛

Solar Decathlon

时　　间：2013 年 8 月
地　　点：东南大学九龙湖校区、山西大同
参与者：东南大学建筑学院、能源与环
　　　　境学院、土木工程学院、材料
　　　　与工程学院、建筑设计研究院
　　　　师生

国际太阳能十项全能竞赛

国际太阳能十项全能竞赛于 2013 年 8 月在中国
山西大同举行。

国际太阳能十项全能竞赛是由美国能
源部发起并主办的，以全球高校为参
赛单位的太阳能建筑科技竞赛，目的
是将太阳能、节能与建筑设计一体化
的新方式紧密结合，设计、建造并运
行一座功能完善、舒适、宜居、具有
可持续性的太阳能居住空间。竞赛期
间，太阳能住宅的所有运行能量完全
由太阳能设备供给。大赛将全面考核
每个参赛作品的节能、建筑物理环境
调控及能源自给的能力，通过十个单
项评比确定最终排名。

东南大学建筑学院、能源与环境学院、
土木工程学院、材料科学与工程学院、
建筑设计研究院的近 50 名学生和近
20 名教师，组成了参赛队，经过在
校的长时间设计准备，并在学校进行
了预搭设后，前往山西大同参加 2013
年 SD 中国大赛。最终，我们的作品
获得 Hot Water、Energy Balance 两
个单项第一的好成绩。

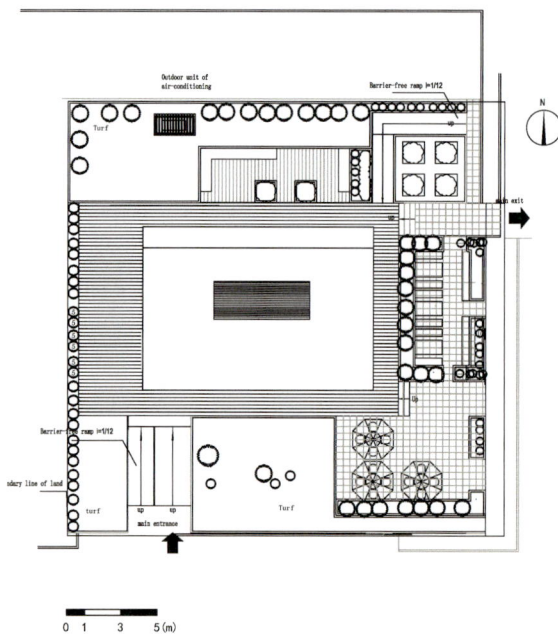

阳光舟

东南大学队参赛作品"阳方舟"是一栋完全利用太阳能达到能源自给自足的新型住宅，并且可以轻松地"扬起帆，航行到任何目的地"。

我们的作品"阳光舟"是一栋整合被动式技术与主动式技术的绿色住宅，零能耗、智能、模块化、舒适是它最大的特点。方案具有灵活性和多变性，部分空间可以移动置换，既可满足家庭居住要求，又能随机应变为多人宿舍、病房、灾后用房等。运用全模块化的设计理念和建造方法，在建造上将建筑分为两个条形的单坡屋顶建筑，南向为主体模块，北向为辅助模块，模块尺寸符合集装箱运输车整体运输尺寸，房屋采用轻型钢结构，方便远途运输和快速搭建。在南立面设置集热蓄热墙，并在建筑顶部开通风窗，

在改善室内采光同时加强空气流动。房屋内部温度恒定，居住满意度较高。

对于 SD 竞赛，比赛规则要求各赛队必须有团队的 officers。有项目经理、建筑工程经理、项目工程师、电气工程师、测试队长等，这些职位构成了一个团队的领导成员。当然，这些都必须由学生来担当，教师只能在比赛过程中承当指导教师的角色。在不断的实践过程中，团队认识到自己在任务分工、创意表达等方面的不足，并逐步攻克难关，正印证了"阳方舟"的含义——扬起帆，航行到任何目的地。

1. 山西大同竞赛现场搭设
2. 方案总平面图
3. 在学校进行预搭设
4. 方案轴测图
5. 方案效果图
6. 山西大同竞赛现场搭设

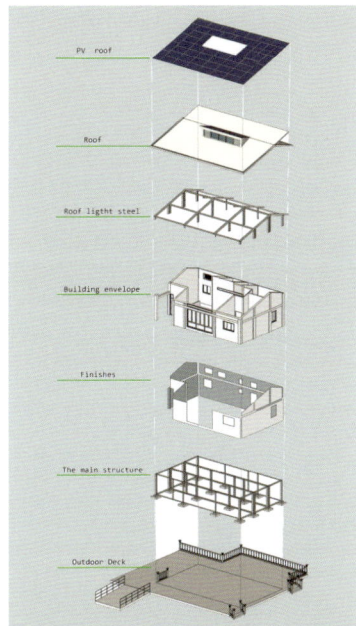

行于社区
Live in the Community

校园之外，就是一个个我们生活的社区，社区是组成城市的细胞单元，也是居民走出家门后的第一个社会空间，而社区的舒适直接影响着居民的生活质量。

我们首先从不同的方向调研认知了城市中社区的现状，了解到居民对于社区公共服务最直接的诉求与期望，进而利用我们的专业知识对这些社区提出了改进意见以及改造方案，为社区居民创造一个更舒适的生活空间。

都市中的绿茵场
——南京市足球场需求与利用情况综合调研

Football Fields in the City

时　　间：2015 年 4 月至 6 月
地　　点：江苏省南京市秦淮区
参与者：东南大学建筑学院 2013 级本
　　　　科生社会实践团队

足球场调研计划

我国足球事业的发展不尽如人意，其中一个重要原因是足球场地数量太少，在大城市里这种情况尤为严重。场地不足严重影响了校园足球与群众足球运动的开展。2015 年，中央全面深化改革领导小组第十次会议通过了《中国足球改革发展总体方案》，此方案明确要求扩大足球场地数量。

同学们首先确定本次调研的方向，主要是对南京市秦淮区足球场的现状以及市民对足球场的需求进行调查统计；剖析足球场需求与供给之间的矛盾，并深入分析其产生的原因；从城市规划专业角度对足球改革背景下城市足球场的建设提出良性建议。

其次确定了调研对象和关注点，包括普通市民、在校学生、学生家长、足球运动爱好者、业余足球队员、业余足球培训机构、足球场地管理方等。

最终同学们确定调研要采取的方法：文献收集、实地观察、问卷调查、人员访谈等调查方法和描述性分析、SPSS 定量分析等分析方法。

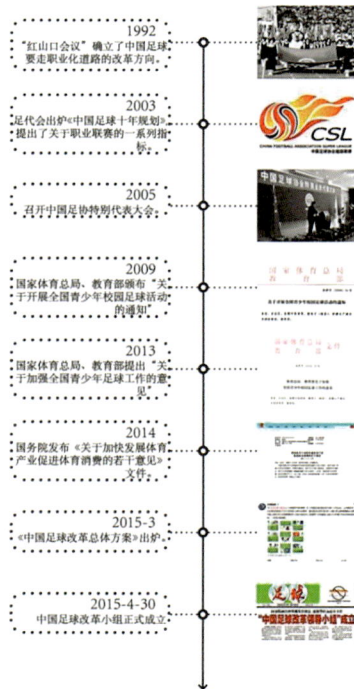

1992
"红山口会议"确立了中国足球要走职业化道路的改革方向。

2003
足代会出炉《中国足球十年规划》提出了关于职业联赛的一系列措施。

2005
召开中国足协特别代表大会。

2009
国家体育总局、教育部颁布"关于开展全国青少年校园足球活动的通知"。

2013
国家体育总局、教育部提出"关于加强全国青少年足球工作的意见"。

2014
国务院发布《关于加快发展体育产业促进体育消费的若干意见》文件。

2015-3
《中国足球改革总体方案》出炉。

2015-4-30
中国足球改革小组正式成立。

1. 调研框架
2. 居住、工作或学习地点附近是否有足球场
3. 市民认为南京市是否缺少足球场
4. 校园足球场开放情况
5. 现有足球场开放情况
6. 秦淮区足球场分布图
7. 秦淮区开放足球场分布图
8. 球场运动人员踢球习惯

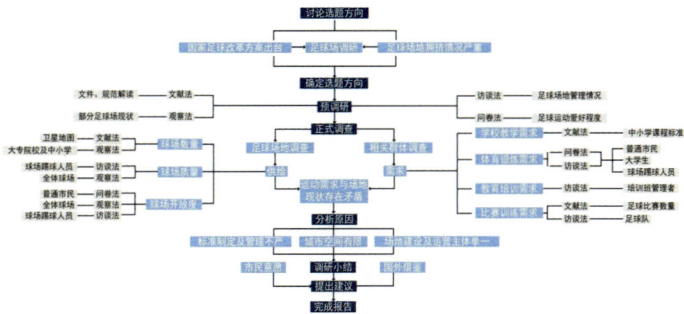

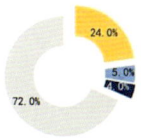

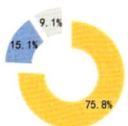

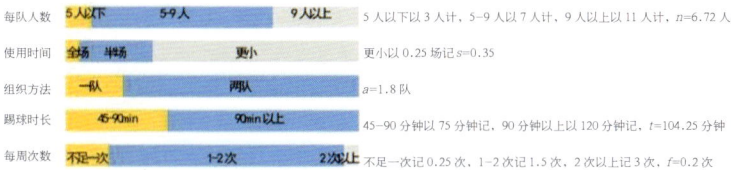

每队人数	5人以下	5-9人	9人以上	5人以下以3人计，5-9人以7人计，9人以上以11人计，n=6.72人
使用时间	全场	半场	更小	更小以0.25场记 s=0.35
组织方法	一队	两队		a=1.8队
踢球时长	45-90min	90min以上		45-90分钟以75分钟记，90分钟以上以120分钟记，t=104.25分钟
每周次数	不足一次	1-2次	2次以上	不足一次记0.25次，1-2次记1.5次，2次以上记3次，f=0.2次

市民调查结果

面向普通市民的调查表明，足球在南京受到了市民的广泛喜爱。此外，调查同时表明98%的市民不同程度地支持近期推行的足球改革，可见市民对足球改革期望很大。

然而多数市民的居住、工作和学习地点附近没有足球场，有73.5%的市民认为南京市缺少足球场。

其他方面，大多数学校没有足球课程，选择足球作为锻炼的居民少之又少，用于足球培训与中小球队的场地供给存在矛盾巨大。

足球场建设建议

1. 加大足球场的建设，在规划中重视体育用地的供给，确保每个城市社区体育设施配备达标。

2. 为适应我国城市环境，化整为零、建设一大批简易实用的非标准足球场；将球场与城市绿地、开敞空间相结合；将球场与商场、商业综合体等用地相融合。

3. 为适应多样场地需求，逐步构建多层次金字塔式体育场馆体系。等级越高的足球场越少，等级从高到底依次为大型体育场馆、经营性足球场、学校足球场、社区体育设施。

■ 无处安放的老年生活
——南京宜家（IKEA）老人聚集状况调查

Nowhere to Place the Elders' Lives

时　　间：2014 年 4 月至 6 月
地　　点：江苏省南京市宜家及周边社区
参与者：东南大学建筑学院 2014 级本科生
　　　　　社会实践团队

宜家老人聚集状况

2013 年，上海宜家出现大量老年人聚集相亲现象，引发市民激烈讨论。到了 2015 年，南京宜家也出现此类似现象。

在过去的十年里，中国的人口增加了 1.6 倍，面临着比其他国家更大的社会人口压力。然而，城市公共设施和社会福利并没有及时跟进。

同学们基于调查方法的综合运用，获取大量一手资料，分析南京宜家老人聚集的状况及原因。并通过实地考察，分析宜家周边社区公共服务中心未得到有效利用的状况及原因。为提高南京老人的生活质量，促进日常生活休闲设施的发展与建设，从专业角度进行思考，并提出相关建议。

宜家调研计划

首先进行初步调查，小组讨论确定调研方向。然后进行实地调研，小组成员需要获取现状资料，并且进行归纳整理。接下来进行讨论分析，小组成员根据现状对课题提出自己的结论和建议。最后，分工完成报告。

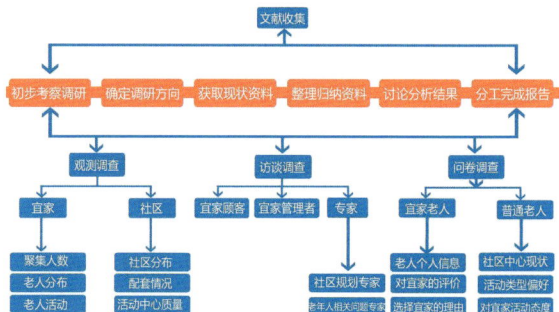

1. 人口老龄化
2. 宜家与社区对比
3. 调研场地
4. 优势互补

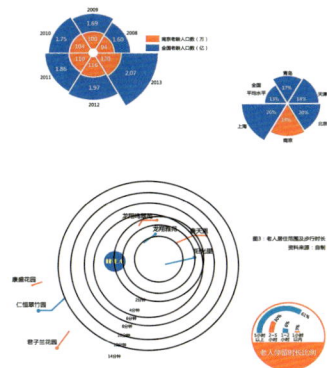

IKEA
4名
保洁员
功能
多元
100%
空调
覆盖
>40位
老人
群聚
服务
人数
<20位
辐射
到7个
社区
<50%
社区
配套率

面积
800㎡
采光
良好

平均
面积
≤90㎡
采光
不佳
≤20%
空调
覆盖
社区
棋牌
为主
≤1名
保洁

调研对象	调研范围

老人群体
宜家聚集的老人
周边社区的老人
普通老人

宜家群体
宜家顾客
宜家管理服务人员

专家群体
社会老年学专家
社区规划专家

龙翔鸣翠苑
5.6hm²
520户

18hm²
1350户
康盛花园

龙翔雅苑
3.7hm²
310户

38hm²
2500户
阳光里
4hm²
410户

翠竹园

7.4hm²
720户
君子兰花园
春天里
4.5hm²
420户

社区发展方向　　　　宜家发展方向　IKEA

服务人群：不宜长距离奔波
消费能力一般
活动类型更趋自由
环境要求不高

服务人群：身体状况良好
消费能力强
环境质量要求高

服务类型：基础服务
如棋牌娱乐、
医疗保健等

服务类型：提升服务
聚会、休闲活动等

宜家&社区
优势互补、错位发展

宜家现场调研

调研范围集中在南京宜家餐厅及其周边社区。调查关注宜家的空间、卫生、活动、社交和社区活动中心的利用度、职能、运营能力等各方面。通过对部分市民的访谈和宜家与社区的对比，进行各个方面的综合比较，进而得出结论。

社会服务建议

同学们根据调研对老年服务公共设施提出建议。

宜家与社区二者共存，各具利弊。宜家具有市场化的环境、资金等天然优势，但在辐射范围上存在局限；而社区公共服务中心运营情况总体不佳，但在基本定位和职能上具有巨大的优势。

社区服务中心的建设尚未成熟，难以满足老人多样化、高质量的生活需求。在此情况下，可以充分利用以宜家等为代表的营利性市场机构，承担一部分社区公共服务中心的职能。

社区服务中心在现阶段可以考虑主要为不宜长距离奔波、消费能力一般、活动自由、对场地环境要求不高的老人群体提供基本服务；远期则视社会发展的具体情况，服务更多的老人群体。

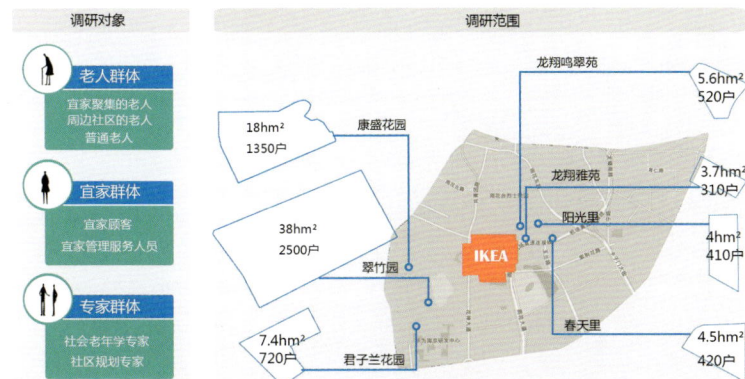

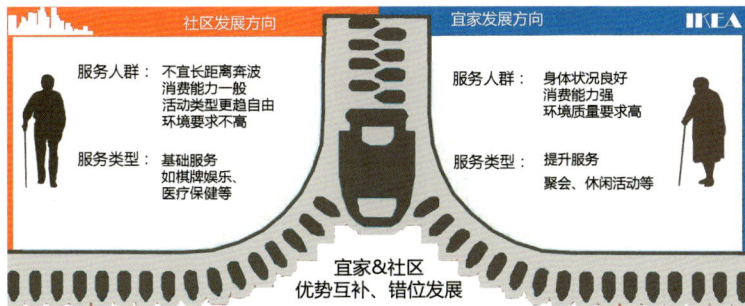

走进小西湖 复兴老城南旧事
Revive the Old Xiao-Xi-Hu

时　　间：2015 年 9 月至 11 月
地　　点：东南大学四牌楼校区、小西湖社区
参与者：东南大学建筑学院博士生党支部、
　　　　 2015 级研究生第二党支部

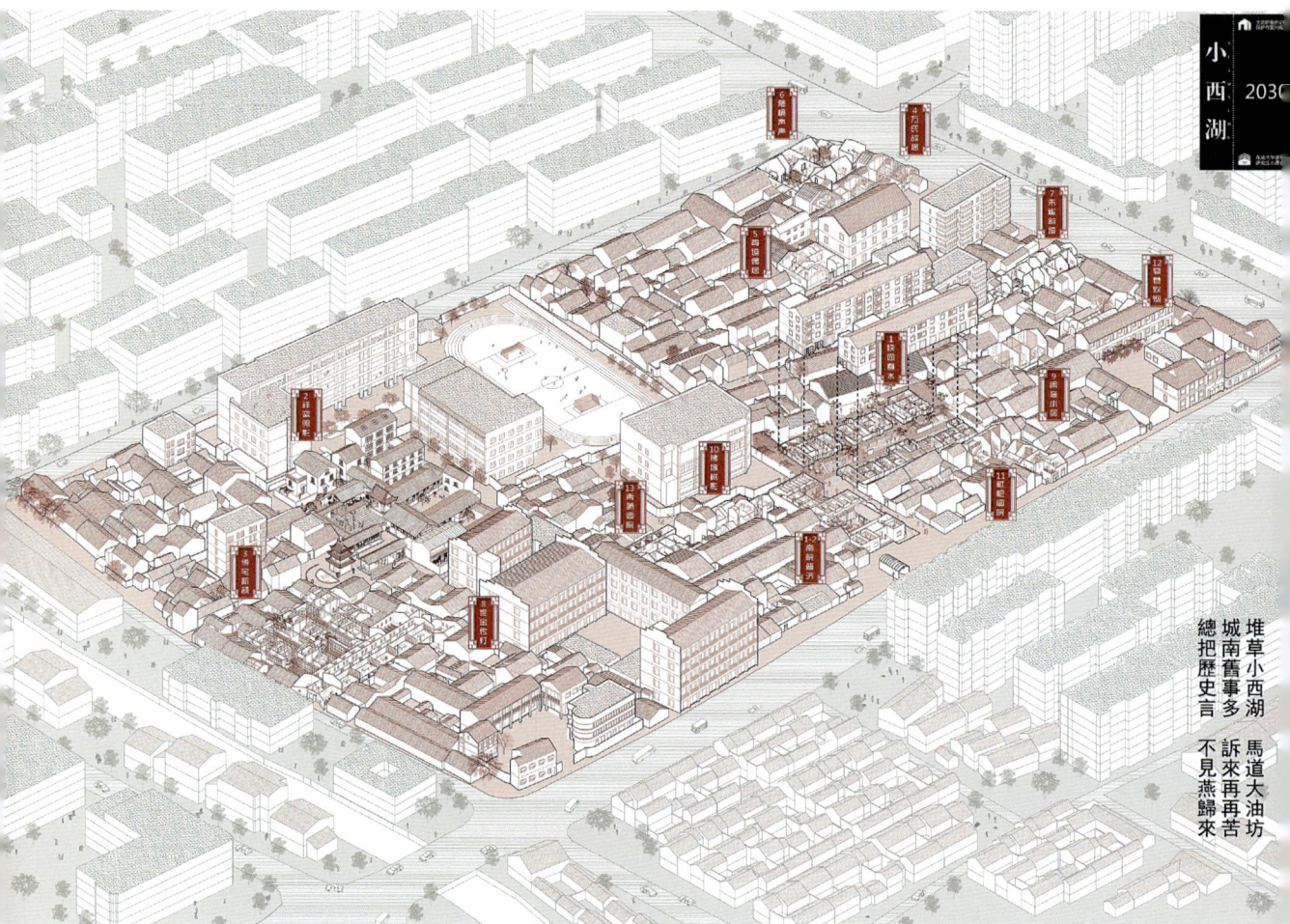

堆草小西湖　馬道大油坊
城南舊事多　訴來再再苦
總把歷史言　不見燕歸來

小西湖社区

2015 年，南京市规划部门发起由东南大学、南京大学、南京工业大学三所高校的城市规划、建筑学及相关专业的研究生志愿参与小西湖社区规划研究。博士生党支部与 15 级研究生第二党支部两个支部党员积极参加了志愿活动，且决定将"走进小西湖，复兴老城南旧事"定为活动主题：走进社区，接触老城居民，用自身的专业知识回馈社会。

踏勘调研

调研内容包括：整理历史资料和已有规划；访谈居民，完成问卷；实地踏勘，绘制调研草图；拍摄居住环境现状照片；与居民访谈，补充调研成果；记录街区中的历史街道和不同屋面做法；以人为尺、翻墙爬屋记录测绘信息；根据重要历史建筑分布图，进行补充测绘，详细了解文物建筑保存状况。

资料整理

完成《小西湖保护与复兴规划研究——基础资料汇编》，对全部216个产权单元，1300多栋单体建筑进行记录，分析居民对居住环境的认知，了解拆改意愿。在此基础上提出社区保护与复兴的规划方案。

布展交流

2015年11月14日于小西湖社区布置小西湖规划方案交流展，并听取居民意见，记录成册。在布展过程中，图纸吸引了大量当地居民，他们兴致盎然地在图纸上寻找着自家的院址，询问我们所规划的行动计划细节。

街巷空间景观规划意向图

活动收获

通过对调研资料的总结，提出以延续原住民生活为目标，围绕激活社区生活活力和提升幸福感来定位和实施规划改造策略。同时按照尺度层级定义传统城市肌理的保护与复兴策略的方向、强度，并给出相应的设计导则，提出一条自上而下的引导式更新与自下而上的自主式更新相结合的"335"行动计划。即3个层面、3条主线、5方平台；3个阶段、3种模式、5个分区。

在总体策略层面，提出一条跨领域、多角色共同参与的行动路线，包含3条主线以及5方平台；在规划层面，在调研基础上将整个小西湖片区划为5个分区，提出政府统筹、居民自主更新、基于五方平台的联合更新模式，并将小西湖的渐进式更新分为跨越15年的3个阶段；在建筑层面，选取了14个典型地块进行重点设计。

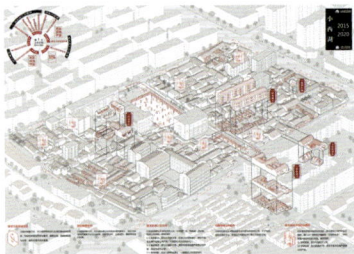

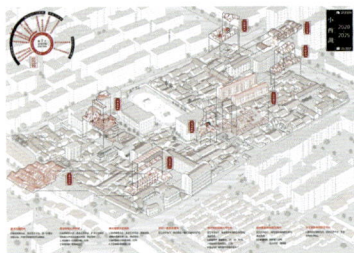

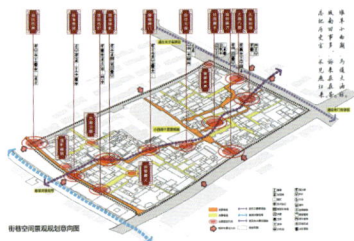

1. 街区规划成果展示
2. 景观规划成果展示
3. 建筑体量规划成果展示（部分）

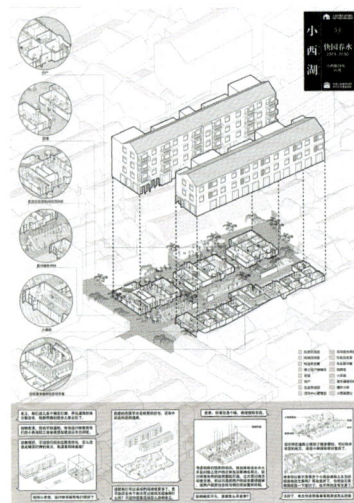

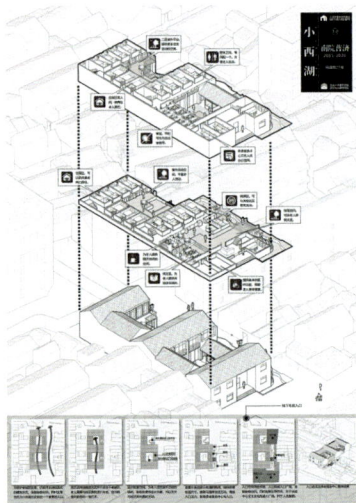

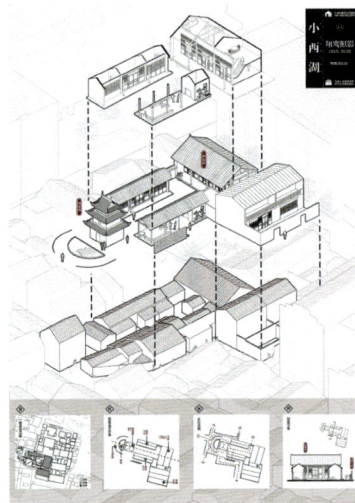

获得荣誉

南京市规划局组织召开"秦淮区小西湖片区保护与复兴计划研究方案汇报会暨在宁高校暑期研究生志愿活动总结表彰会",南京市长缪瑞林亲笔签名了志愿者证书,以示对研究生志愿者工作的鼓励及肯定,秦淮区委书记曹路宝、南京市规划局局长叶斌、政协人大代表、小西湖居民代表等聆听了志愿者的汇报并给予高度评价。

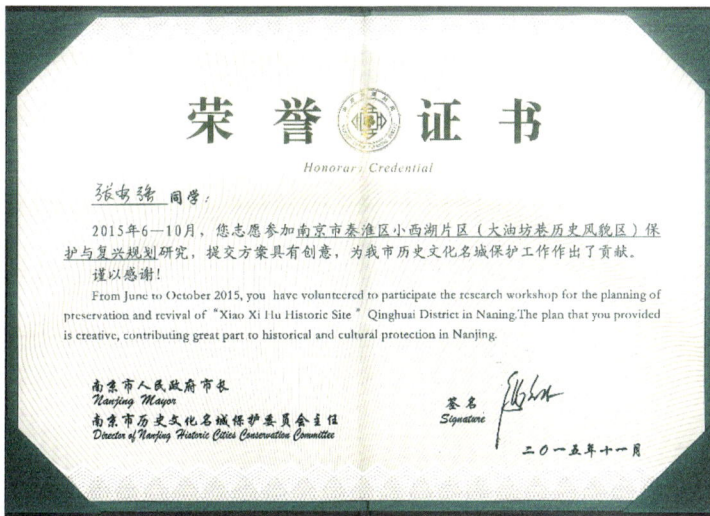

媒体报道

志愿者活动获得各大媒体广泛关注,中央电视台《朝闻天下》以"第30个国际志愿者日,东南大学志愿者在行动"为主题进行宣传,《扬子晚报》《现代快报》《南京日报》等媒体也连续发表相关报道。

虽然"小西湖保护与复兴规划研究"志愿者活动已经告一段落,但是真正的社区复兴工作才刚开始。为了让社会及本校师生更多了解本次活动,理解活动意义,感受老城居住现状,相关支部决

定在2016年,分阶段继续跟踪相关活动。一方面支部成员积极参与到相关设计与实践工作中去,另一方面,多角度推进规划成果的展览与宣传。

求于城市
Seek in the City

"王者择天下之中而立国"，南京作为六朝古都、十朝都会，在中华民族文化的长河中占据着举足轻重的地位。

南京这座古城里埋藏着历史珍宝，然而这些历史文化遗产随着时间的流逝正在逐渐被世人所忽视。近年来，人们对于城市历史文化遗产的保护与发扬越发重视。

这些也引起了我们学生的关注，我们自发组成调研小组，穿梭于街头巷尾，探寻城市里的文化记忆，并希望通过我们学生的深入了解和宣传，引起城市居民的注重。

铁路上的百载风华
——南京火车站的"前世、今生与未来"综合调查研究

Hundred Years' History on the Railway

时　间：2015 年 7 月
地　点：江苏省南京市各火车站
参与者：东南大学建筑学院 2013 级和 2014 级本科生社会实践团队

杨廷宝下关车站草图手稿

活动简述

"南京火车站调研小分队"实地探访了南京城区和乡村的 11 座新老火车站，并对老站的改造和新站的未来发展提出了意见和建议。

南京的火车站建筑堪称中国近代建筑史的缩影，南京历经百年的铁路发展史形成了独具特色的铁路文化，同时遗留下许多珍贵的工业遗产，创造了具有历史、艺术、科学价值的文化遗存。

调研小组用相机记录了各新老车站的现状，还探索了火车站所依附的城区、集镇和村庄，访谈了长久与火车站为邻的居民，并且深入了解了火车站对人们生活造成的影响。最后队员们结合南京市的相关规划，对老站的改造和新站的未来发展提出了意见和建议。

1. 浦口火车站，始建于 1908，通车于 1914
2. 1968 年，浦口火车站客运停止，周边经济陷入低谷
3. 2004 年，再次停办客运，各项客运设施全部封存
4. 江宁车站，始建于 1905，建成于 1908，1927 年改名为南京车站
5. 1947 年，国民政府对下关站进行扩建，设计者杨廷宝
6. 2012 年，南京西站停止客运

老火车站的现代归宿

让老火车站成为建设特色南京的一个支点，让新火车站更好地承接起"迎来送往"的使命。

从南京辖区北端的东葛站，到西端的古雄站和东端的龙潭站，再到南方的江宁站、溧水站，都留下了同学们实地考察的足迹。

近年来，随着城市的发展与铁路运输量的激增，老火车站逐渐"功成身退"，有些成为文物保护单位挂牌保护的建筑，例如南京北站。但这些火车站只是得到保留，未得到很好的利用；仍在使用的建筑，大部分都已停止客运，但仍然在承担货运或铁路调度的功能；地理位置较偏僻的一些小站由于地区经济发展相对落后，建设改造速度也相对较慢，所以尚未列入拆除改造的范围，有幸得到保留。一些未被界定为文物、未受到重视的铁路建筑和旧址，正处于濒危的境地。

城市历史遗产的破坏情况以及后续开发利用的价值都不尽相同。团队基于调查结果为老火车站建立了评价体系，便于为改造利用提供依据。

指尖上的南京
—— 探寻南京老手艺

Nanjing on Fingers

时　　间：2015 年 7 月
地　　点：江苏省南京市
参与者：东南大学建筑学院 2015 级本科生社会实践团队

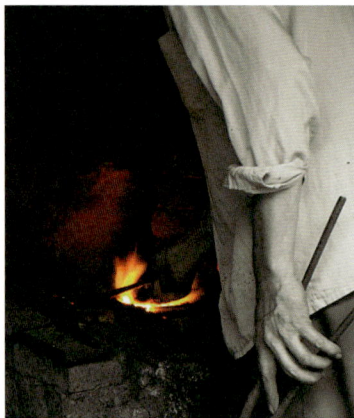

纺车、织品

2 云锦博物馆

打铁匠人

1 高淳漆桥老街

泥塑、秦淮彩灯半成品、
葫芦画传承人张苗在绘制葫芦

3 南京民俗博物馆

寻访南京

"探寻南京街头老手艺"实践团队深入了
解了南京街头老手艺的整体生存状态。

建筑学院探寻南京街头老手艺实
践团队走访了南京各类民俗博物
馆、主城区大街小巷以及下关老
城拆迁区、高淳区漆桥镇、六合
县城等地,探访了秦淮灯彩、微雕、
五彩葫芦、泥塑、金陵竹刻等多
项民间手工艺,打铁、竹编、木工、
白铁等多项实用工艺,了解了南
京街头老手艺的整体生存状态。

竹凤凰、竹蚱蜢、
在南京摆摊几十年的民间手艺人

4 街头偶遇

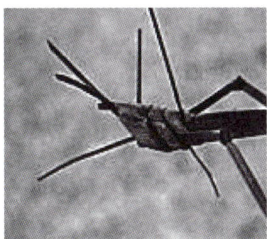

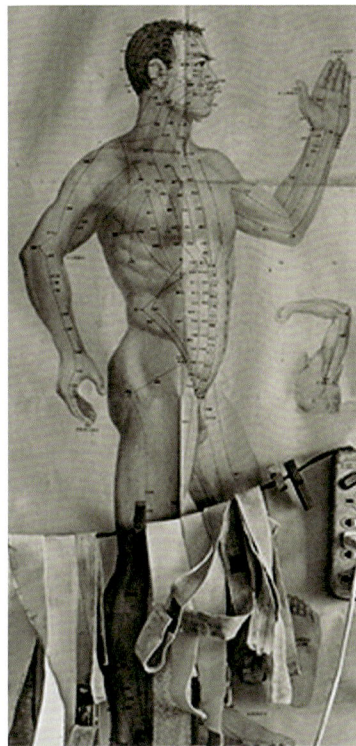

老中医家的墙上

5 六合县汉府街

老手艺的消亡与重生

小组成员穿街走巷，拜访学者，实地访谈，对老手艺有了更深的认识。

走访过程中，团队了解到在南京主城区除了博物馆的展出，已经难觅实用类的手工艺，在高淳、六合等地老手艺还有一定的生存空间，工匠多为年过半百的老匠人，采访到这些店铺作坊多是经营惨淡。但老手艺仍然和新时代人们的生活发生着千丝万缕的联系，它可以为人们忙碌而贫乏的生活注入更多的活力，让南京人拥有真正意义上独一无二的金陵味。

老手艺重生的价值不在于占领市场，而在于生活需求，在于人性的回归、自然的回归。比起纯机械生产，承载着独特的人文价值和精神寄托。

馈于社会
Dedicate to the Society

在南京的调研促使我们对社会进行了更深层次的思考，并且开始走出生活的城市。

我们走入乡村，感受城乡一体化的推进；

我们走入灾区，感受灾后建设的成果；

我们走入社会，从各方各面了解社会，并用我们的专业知识回馈社会，反思过去、关注现在、规划未来，用我们年轻人的方式逐渐承担起社会责任。

探访、追忆、践行
——走进社会主义新农村

Visit , Recall , Practice

时　　间：2012 年 6 月至 8 月
地　　点：江苏省句容市茅山镇
参与者：东南大学建筑学院博士生党支部

城乡融合

走入农村，感受农村生活的党日活动。

为感受"城乡发展一体化"背景下的革命老区社会主义新农村建设，建筑学院博士生党支部决定将"探访、追忆、践行——走进社会主义新农村"定为 2012 年党日活动主题：回顾、感受革命先烈走过的道路，用自身的专业知识回馈社会，并向大众展示社会主义新农村的新气象。

本次为期两个月的暑期实践，深入乡村，从乡村人居环境调查、探寻乡村红色足迹两方面切入，深刻体悟革命先辈的艰苦奋斗、乡村人民对生活的渴望和自身服务于社会的责任意识。

带着收集整理村庄历史资料和已有规划的前期充分准备，各分队队员进行实地踏勘，绘制村庄地形图作为研究基础。之后走访茅山、天王镇等村庄的村干部和多位村民，了解乡村生活现状和人们对于现代化生活的向往。在实地调研典型环境整治试点村时，大家看到当文件与图纸上的内容落实后村民们难以掩饰的喜悦。

乡村环境调查和改善建议工作都是意义深远的。而老龄化的现状不断提醒我们，农村未来的活力需要科学的规划与指导。

践于乡村

运用建筑专业理论知识，对村庄环境整治工作中的具体问题提出具有针对性的建议，为当地村镇建设提供参考。

在本次研究中，同学们选取了典型案例深入考察分析。其中重点分析的两个案例为发展情况差别较大的两者：陈庄自然村规模较小，地理位置偏僻，2008年开始的整治主要针对生活垃圾处理；而后四自然村中等富裕，相较于前者整治开始较晚，但资金投入更多。

调研后期，大家仔细统计分析问卷结果，整理村庄调研的相关图纸，从村庄历史沿革和经济社会发展背景出发，分析农民对人居环境的认知及改善意愿，评价村庄人居环境及风貌现状，并提出了很多改善建议：

1. 村庄特色环境的保护和彰显

从村庄的整体格局入手，应在尊重原有自然环境特征前提下，适当扩建，控制高度、尺度、边界等。在特色空间的整治上，从周边自然环境、滨水空间和街巷空间三方面深入分析。同时应对不同年代的特色建筑，采取保护措施，彰显村庄自然生长真实过程，但也要注意赋予村庄丰富的建筑形式，在细部上体现创意。

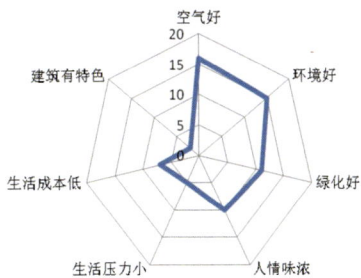

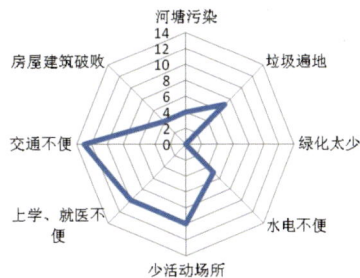

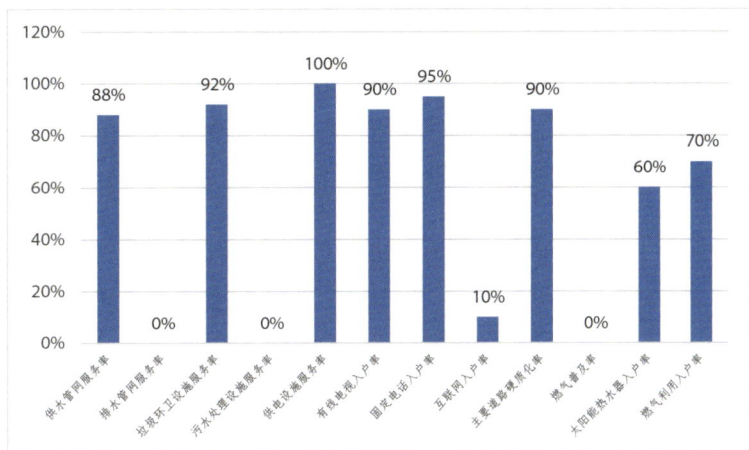

2. 人居环境的改善

改善建议分为村内道路系统、公共服务与公共空间、绿化美化、建筑政治与改造和设施配套这五方面。总体主旨就是鼓励村庄能提升生活服务的便捷性，增加村庄凝聚力，增加环境的有效利用率，创造更多休闲公共空间。对于建筑形式应充分考量不同年代建设的材料与形式特点。

面对社会的变革，需要我们养成联系群众与联系实践的意识。规划不仅是停留在物质形态的设计，而是对生活方式的引领。

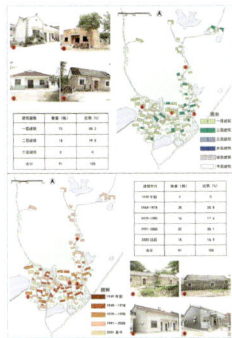

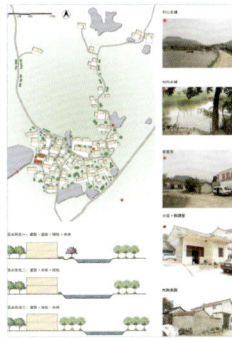

1. 村民认为乡村环境的好处
2. 村民认为本村环境不好的方面

后四自然村基础设施
及新能源利用情况

建筑的责任
——四川绵竹广济镇灾后重建情况调研活动

The Responsibility of Architects

时　　间：2010 年 6 月至 12 月
地　　点：四川省绵竹市广济镇
参与者：东南大学建筑学院 2008 级研究生党支部

灾后重建

东南大学建筑学院 2010 年赴广济镇灾后重建情况调研。

2008 年 5 月 12 日，一场突如其来的大地震成为人们心中永远的伤痛。为了深入了解当地震后工作的开展和生活状况的改善，了解作为一名建筑师在重建工作中发挥的具体作用、承担的社会责任，东南大学建筑学院学生计划于 2010 年前往四川绵竹地区开展"地震灾区重建状况的调查分析"的社会实践活动。

整个活动历经 6 个月，包含了前期策划、搜集资料、走访座谈、实地调研和总结报告等多个环节。同学们前期自主了解灾后重建的状况，联系当地机构单位安排活动时间地点，同时采访广济镇卫生院主设计师张彤老师，并请其指点本次调研的关注方向，做足准备工作。

我们积极参与当地政府的介绍与交流，了解地震前后的具体状况与援建项目的大概情况。之后实地采访了众多相关工作人员，走访灾后广济镇卫生院、幼儿园和小学等典型案例，走访居民深入了解生活现状及援建设施的使用情况。深入的访谈，反馈出最直接、最真实的信息——我们建筑师的用心，是否真的让使用者使用得舒心？我们建筑师的责任，是否物化到我们的建筑中，服务于大众？

根据调研结果，我们仔细分析设计的不足之处，总结得到真正的好设计应该是基于当地人民风俗习惯和实际需求的设计。

建筑师的社会责任

"建筑的责任"系列活动鼓励同学自主走出校园、审视建筑、感悟责任。

灾难给人们带来苦痛与绝望，援建项目是一道黑暗中的曙光，而我们希望我们能成为贡献这道曙光的一员。

团队同学在访谈中深入了解援建工程的具体含义及人们对它的反馈，通过反馈信息，总结出一定的建议：

1. 援建计划分三个部分：救扶、集中安置；搭建临时住房；城镇重建及安居房工作。

2. 对当地的道路交通、基础设施做一定的规划，向居民还原一个基本生活状态。例如排水、供电设施一定要完善。

3. 公共活动空间是一个必须重点规划设计的部分，尽量向居民提供一个聚集的场所。例如广济镇的文化艺术中心、幼儿园、卫生院等，就极好地在为居民提供各种服务，一直处于一种积极的使用状态。

4. 在援建的同时，要加强对当地居民需求与民风民俗的考虑，保持城镇原有的气息。

5. 对于一些大型建设，要注意控制尺度，给人们最舒适的使用空间，又要避免空置及用地浪费。例如广济镇的学校都面临面积偏小、功能和空间不足的问题。

好的规划不仅是给居住者提供一个优良的居住环境，更是对国家、社会资源的一种充分利用，是对社会不断发展的良好导向。

活动悄然落入尾声，关于责任的讨论却将成为一个无尽的话题。在这个重视建筑师个人风格的、消费文化倾向的风尚下，"建筑师的社会责任"似乎已仅仅被归纳为职业行为中的基本规范。同学们奔赴四川，去体会一种以社会的眼光去审视建筑、建造建筑的责任感。

1. 广济镇居民安居房生活现状访谈
2. 广济政府座谈会
3.《雨露》四川广济援建项目调研特刊

共享 | 北京
——2016 BMW 未来出行青年实践营竞赛

Sharing | Beijing

时　　间：2016 年 11 月
地　　点：北京市
参与者：东南大学建筑学院代表队

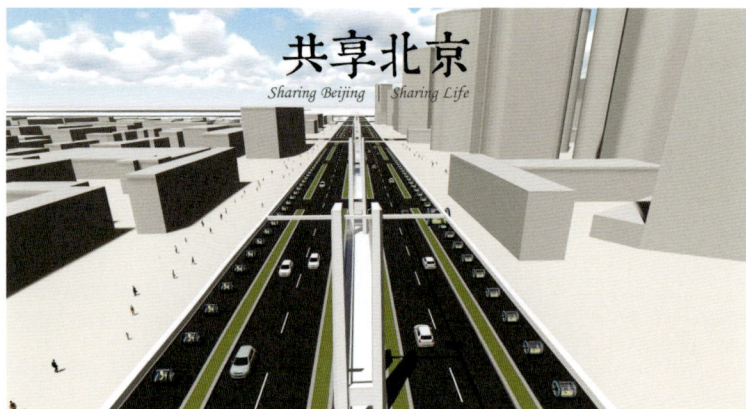

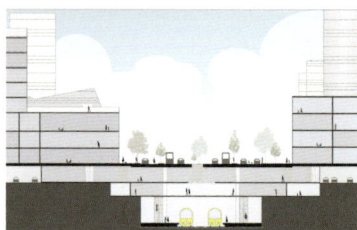

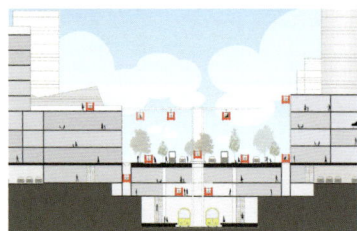

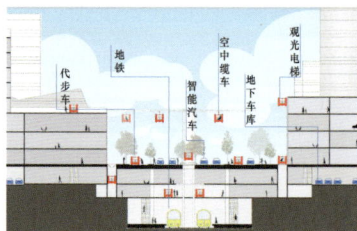

共享 | 北京

东南大学团队获 2016 BMW 未来出行青年实践营竞赛第一名。

2016 BMW 未来出行青年实践营（2016 BMW Next Mobility Youth Camp），于 2016 年 11 月 6 日在北京落下帷幕。

来自东南大学建筑学院代表队的曹俊、杨柏榆、项年、魏晋（指导老师：马晓甦）的"共享 | 北京"方案设计获得第一名——"BMW 未来出行青年实践大奖"。

活动以城市中心的未来出行为主题，重点关注出行领域的创新。探索如何通过创新应对现有挑战，并在未来出行理念及技术发展趋势下，满足不断变化的出行需求，保持城市中心的活力与可持续发展。参赛团队通过出行相关的产品与技术设计、出行相关的商业模式设计，以及影响出行的城市设计等多种形式展开大胆设想，结合北京三里屯地区这类城市中心的出行特点，提出未来出行的概念设计方案。

1.共享北京设计方案
2.Step 1：连通地下空间
3.Step 2：塑造地下城市客厅
4.Step 3：装配空中缆车
5.Step 4：对接建筑空间、自循环
6.Step 5：转化功能为智能代步车
7.Step 6：利用现有的地下车库停车

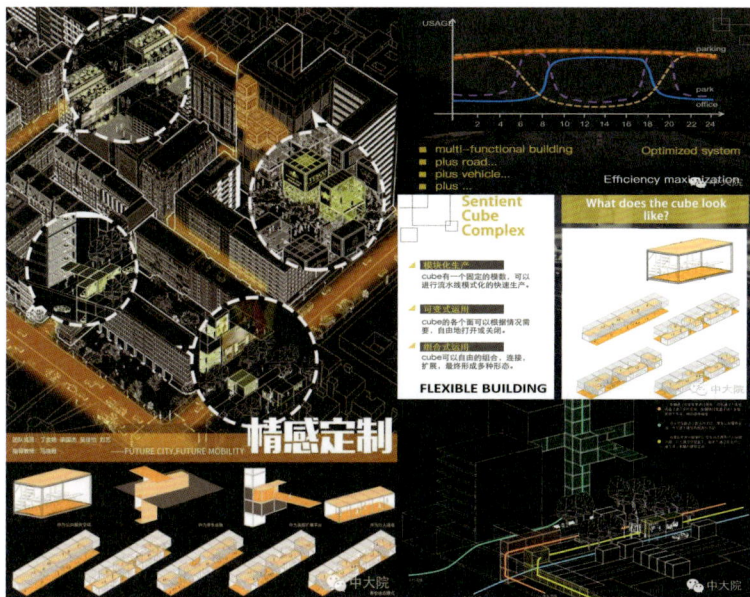

"情感定制"方案

三里屯 SOHO、太古里区域

使馆区

酒吧街区域

工人体育场区域

幸福二村等居住区

城市未来出行

着手于不同出发点的两个未来出行方案——"共享北京"与"情感定制"。

面对人群多元、九龙共驰的三里屯地区,"共享北京"总结了目前交通出行问题的核心——用一个面(路面层)解决所有复杂问题。以重构城市空间组织利用方式的思路切入来破解人群出行问题,通过空间共享、交通方式共享、人群共享三个方面完整阐释"共享北京"的设计理念,将北京宽阔的马路转变成为宽敞的共享的城市客厅。结合规划的地铁车站、大型商业设施提出:地空一体、无缝换乘、高效智能的"缆车"系统,从速度、舒适度、景观等方面全面提升出行者体验。

而"情感定制"着眼于有限的城市空间中道路拥挤、公共空间单调、被挤压等给城市居民带来的负面情感,从人的体验角度出发,提出对于城市土地利用与交通空间优化的方案。设计理念摆托传统空间使用的三维局限性,通过时间的延续与空间的灵活整合,形成包含"multi-fuctional building + road + vehicle"的四维模式,实现城市空间利用效率的最优化。概念方案大胆创新,特别提出"sentiment cube complex(SCC)"的可变、可移动、模块化的建筑形态,应对诸如无人驾驶自动停车、地下人行空间流线调整、临时公共活动空间等三里屯地区不同时段、不同目的的实时需求。

建筑学院代表队们的比赛实践诠释了面对现代城市问题的重重难关时,作为建筑学子应该有的态度、眼界、智慧以及情怀。出行问题仅仅是城市问题的冰山一角,直击现实,挑战创新,让我们成就未来人类的生活方式。

"共享 | 北京"方案——人群共享

125

感与悟
Reflections

都市中的绿茵场

项年：

合作真的很重要。合作对于这次社会实践活动的进行起了很大的推动作用，我们几乎每一周都会进行讨论，总结活动的进行状况，以及探讨接下来要做什么。在去场地实地调研时，我们也是分工合作，一人去几个球场。正是有了合作，这次社会实践活动才能更好地进行下去。

走进社会主义新农村

王恩琪：

作为城市里长大的年轻人，能有这样一次近距离地走到农村中去的机会，与我们的农民兄弟深入交谈，实在难能可贵。我们对于乡村问题的关注，还是较为有限的。城乡发展一体化的今天，作为我们建筑师来说，应该对乡村人居环境的改善承担起更多的责任。

指尖上的南京

蔺明霞：

过了一年多还能想起来的部分其实都不是关于成果怎样的，印象比较深的是有一次在路边碰到一个着装得体的老爷爷在小区门口摆修车摊，然后听他讲他过去的经历，还是在建国前，他要饭逃难到南京等等，我觉得重要的还是在这个过程中接触到的人吧。

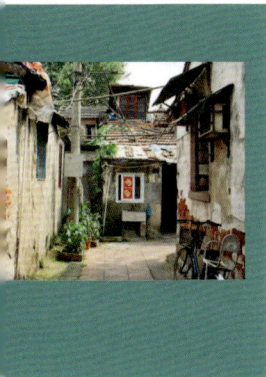

建筑的责任

陈思：

看着美丽的小学、幼儿园、福利中心等，听着座谈会上地方政府对援建建筑的高度评价，而当我们提到这些就是我们学校设计的时候，当地人额外的热情总是让我心中充盈着一种自豪感，也感受到一种责任。我们的优待是东南大学建筑学科的师生和工程技术人员，将个人利益、安危、得失置之度外，从地震发生的第一时间亲临现场，全面参与从抗震救灾到灾后重建的各项工作换来的。我们参观过他们援建时住的板房，条件极端简陋，雨天甚至还会漏雨，但他们毫无怨言地忍受了这份艰苦。他们以发自内心的职业责任感和极大的工作热情，将自己的爱心和全部的专业所学奉献给灾区人民重建家园的事业之中。这其中的甘苦也只有亲身经历方能真正感受到，这一切就是作为一名建筑师的责任！

走进小西湖 复兴老城南旧事

王美琪：

这次去老城南小西湖调研，让我们体验到小西湖住户的生活现状所需与现存资源不足的矛盾，如公共活动场地缺乏，老年人口偏多导致迫切的社区养老需求等。我们也深切地了解到了老城中住户的诉求，如老人们由于稳固良好的邻里关系而不愿意拆迁，年轻一代则更多地提出住房现代化、精细化的功能需求。作为一名党员，也是一名建筑学专业的学生，我们应该积极探索，利用自己所学的知识，为老城南历史风貌的保护和改善住户的居住条件尽自己的一份力量。

Around the World
足行天下

足行天下，放眼世界
Step Into a Bigger World

文/徐忆 建筑系 2014 级本科生

建筑、城市和景观设计是与真实的自然、社会环境以及人的生活紧密联系的学科，是在实践中创造的学科，书本中的理论、教学框架内的图模演练都无法取代真实世界带给我们的知识、经验与灵感。

古人所言"读万卷书，行万里路"向来被莘莘学子们奉为箴言，对一代又一代东南大学建筑学院的学子来说，我们更是将这一训诫贯彻到了生活的点点滴滴。怀着热切的求知欲和不竭的探索精神，我们走出课堂、走出校园，向着质朴的自然风光、真实的社会深处、专业的建造前线走去，向着近在身边或远至海外的乡村、城市走去，亲自洞察、体验、丈量、记录、思考，以亲身探访之所学提升自己的理论研究和设计实践水平，取得了丰硕的成果。

大学校园是个人专业道路的起点和发展的摇篮。建筑学院为我们的发展成长提供了全面的指导和引领，在此我们习得了扎实的学术知识，掌握了丰富的专业技能。但一个独立成熟的设计师、规划师总要走出摇篮，去更广阔的天地求索。为了向这一目标成长，我们勇敢地向校园外迈出了脚步。

同学们以个人或兴趣团体的形式探访了校园周边的各类建筑、规划实例。学生自发组织的各类社团通过各具特色的社团活动辅以对校外世界的考察寻访，锻炼了我们除建筑认知和思索以外，在摄影、

手绘、骑行等多方面的技能。另外，结合课余时间进行的社会实践项目，我们针对不同环境中具体的建筑规划问题进行调研，通过测绘、寻访等各种方式深入细腻地向社会学习，向生活学习。

每一个学生在毕业后都将走进社会，走上工作岗位，承担社会的责任。"职场规划·走进企业"校企交流活动就为同学们今后的职业道路打开了第一扇门。通过走进企业内部，与前辈交流取经和感受真实项目的建设过程，我们切身体会到了实际建造与图纸模型间的巨大差异，也更进一步地感受到这一专业不一样的价值和乐趣所在。

除此之外，同学们还建立了出游信息的共享平台，通过传统纸媒和新媒体等多种形式相互交流和分享自己走出校园的经验和感受。东南大学建筑学院学生联合会微信公众平台定期发布南京及周边城市的展览预告，《节点》杂志通过传统杂志和微信推送等方式收集和分享同学们的游记和观展反馈。分享平台的搭建使得出游的经历能够惠及更多的同学，令更多同学如临其境、如见其景。同时通过交流和讨论，行游所带来的思考得到了深化，行游的价值也得到了更大程度的丰富。

"他山之石，可以攻玉。"在交流愈发便利的今天，我们身处校园也能感受到整个建筑学界的暗潮涌动，

东南大学建筑学院独树一帜的教学氛围吸引着来自四面八方的学子，其他建筑院校不一样的教学模式和校园文化也在不断激发着我们自我反思和改变进取的进程。为了更为深入地相互学习，东南大学建筑学院同学们与其他各大兄弟院校间开展了丰富多彩的校际交流活动。

除了基本的参观与联谊活动，我们更推陈出新，倡导针对具体的主题进行深入的研讨。在 2015 年东南大学建筑学院主办的"共筑"多校交流活动中，东南大学建筑学院的同学们组织了多场高质量、有深度的讲座与研讨会；2016 年，东南大学建筑学院的同学们又带着设计图纸和自己独到的思考，前往国美，与大家共同探讨制图对发展设计的辅助作用。在一次次气氛愉悦、主题鲜明、交流深入的互访活动中，我们不仅获得了珍贵的友谊，更通过研讨和辩论碰撞了思维，探索了多元的文化语境中建筑和规划设计更多的可能性，收获了别样的体验和巨大的提升。

选择了建筑规划设计这样的专业方向，我们自然也不会被一国的边界所局限。几十年来，建筑学院学子不断地走出国门，走向海外，去往陌生的国度体验与本土截然不同的自然风光和人文氛围，用全新的视角审视建筑、反思建筑。

在异国他乡，既有独自背上行囊、自由探索的东大身影，又有受企业和国家游学基金资助结伴上路共同巡礼的团队，还有在异国校园短暂扎根学习深造的交流生……同学们不仅仅止步于做一个过路者、一名游客，他们在游历中不断地记录和思索，生发出无数属于他们自己思想的果实，并且利用在海外之所见和所学，反哺设计、反哺生活，收获了知识、技能和心智多方面的成长。

足行天下，放眼未来。东南大学建筑学院的同学们的足迹遍布世界，他们承载着东南建筑之风，像一颗颗种子播撒下去，散成各处的一棵棵参天大树，不仅用深厚的知识积累成浓密的枝叶荫蔽一方，更似一个个高耸的灯塔，照亮每一位未来的东大学子前行的道路。

四牌楼外
Outside Campus

"好奇的目光常常可以看到比他所希望看到的东西更多。" 建筑，不仅是一个专业，更是一种兴趣、一种热爱，一种无法抑止的强烈求知欲。

东南大学建筑学院的同学们一直以好奇的眼神探寻着这个世界，以兴趣为推力，在快乐中前行。

他们不拘泥于已有的课程，不沉浸于眼前的生活，不囿于成绩和称号的局限，走出工作室、走出中大院、前工楼，走出四牌楼校园，跳脱出自己熟悉的环境，以个人或团体的方式走向建筑实例、城市空间或是职场企业，去体验生活中建筑的鲜活面貌，形成自己对建筑最真实的认知。

社团研学
Clubs

时　　间：周末及节假日
地　　点：甘熙故居、南京青年奥林匹克中心、佛手湖建筑群、1865创意园区、浦口火车站、象山美院等
参与者：东南大学建筑学院本科生

第四维建筑考察社

跟随考察社，在旅行中感受大师的设计轨迹。

第四维建筑考察社是同学们自主创立的实践性社团，不定期对南京及周边城市的优秀建筑实例进行参观考察。社团致力于拓展建院学生视野，为同学们提供一个建筑考察、城市认知的活动平台。

骑行社

用前进不息的车轮丈量脚下的路，用全新的视角认识世界。

骑行社是一个通过外出团体骑行领略各地建筑风情的社团。在结队出游的过程中，同学们不仅锻炼了耐力与毅力，更饱览了沿途优美的自然风光，并以行进的视角重新审视和欣赏我们所熟悉的建筑环境。

1. 学生摄影作品
2. 第四维建筑考察社活动海报

有格社

在游历中感悟建筑与人文风情、社会历史发展的脉搏。

有格社是一个学生通识教育社团。在日常的沙龙、读书会等活动之外，同学们还组织了老门西文化遗址走访、明城墙下话剧朗诵等别具一格的游访。通过这些活动，同学们思考并分享了建筑与历史人文的深刻关系，对建筑规划学科有了更深层次的理解。

摄影社

以镜头容纳天下万象，以快门定格瞬息永恒。

摄影社是同学们自主创立的摄影兴趣团体。社团活动与学院特色结合，为同学们普及摄影知识，为同学们提供记录建筑、记录生活的手段。

摄影社在学院内开展了一系列摄影讲座，同时定期组织在南京及其周边地区的外拍活动，带领同学们探索了杭州中国美术学院象山校区、流徽榭、紫金山天文台等地。或是饱经沧桑的额枋，或是坚定有力的体量，或是在城市，或是在田野……同学们在实践中体验了摄影的魅力，并让那些转瞬即逝的场景在镜头中成为永恒。

3.-5. 学生摄影作品
6. 古建筑探访
7. 佛手湖建筑群探访

■ 自主调研
Survey

同学们在课余时间持续进行着高质量的自主游历和调研活动。我们针对各地各时代建筑进行全面深入的考察和研究，通过测绘、寻访、报告、网络推送等形式整理、总结和发布。这些经历对于我们拓宽视野、掌握基于实例的学术研究方法以及提升个人建筑素养有着极大的裨益。

山西古建筑调研

时　　间：2016 年 7 月至 8 月
地　　点：山西
参与者：东南大学建筑学院 2014 级、
　　　　2015 级本科生 11 人

此次调研完全自发。由有兴趣的同学自主组织完成，并非对某种既定课程要求的迎合。

同学们为调研进行了充足的准备，查阅各经典版本中国建筑史中对山西古建筑的记述，充分与建筑学院老师以及研究生助教沟通，确定调研地点及行程。在专业学习考察的部分，同学们通过速写、抄绘和小规模的测绘等方式，结合文献资料上的记述，整理调研工作手册。而在了解遗产保护的部分，同学们联系采访了文物保护单位或遗址博物馆的相关工作人员，整理遗产保护现状的调研报告。

通过一系列实地考察，同学们拓展了专业知识，也将视野拓展到社会、历史与民族传统文化等多个方面。我们将调研成果以网络形式公开，向更多的人宣传传统文化及遗产保护的重要意义。

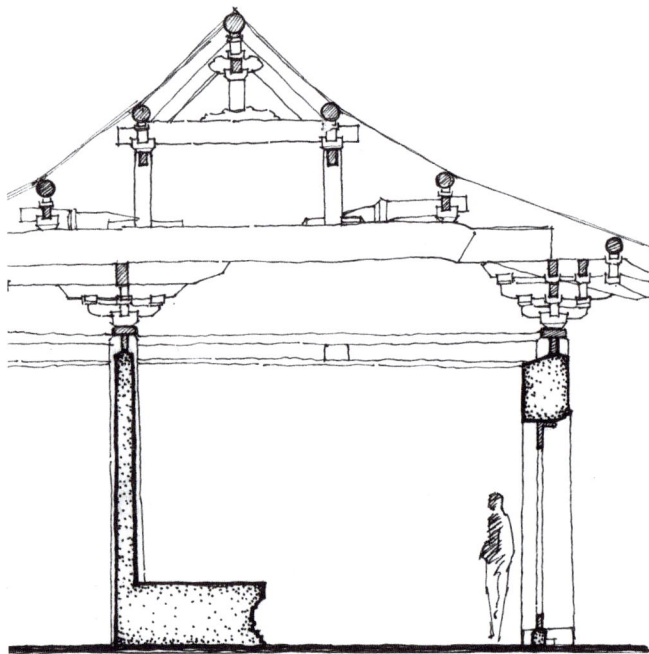

1.-6. 调研照片
背景：调研手稿

走进职场
School-Enterprise

"职场规划·走进企业"校企交流活动是东南大学建筑学院研究生会外联部和学生联合会外联部联合打造的一项精品活动,旨在衔接在校学生与对口企业,通过企业的宣讲和实地走访,为在校学生们搭建一个面向行业、面向现实、面向未来的交流学习平台。

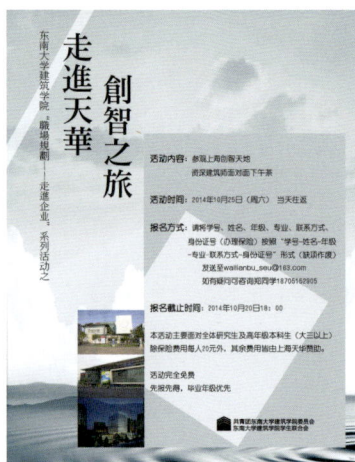

1.3. 部分活动海报

2011
中建国际南京公司

上海天华
上海联创国际

南京万科公司

南京华润置地

杭州绿城东方
杭州中联程泰宁事务所

2012
江苏省城市规划设计研究院

上海现代设计集团

上海市政工程设计研究院
上海 M.A.O.

上海建工设计研究院

扬州万科公司
2013

上海天华
上海联创国际

DC 国际集团
2014

上海天华
2015

苏州天华

白云亭文化中心开放日

南京苏宁置业
苏州中衡设计集团
2016

"走进天华创智之旅"

时　间：2014 年 10 月 20 日
地　点：上海天华建筑设计集团总部、
　　　　上海创智天地
参与者：东南大学建筑学院本科生及
　　　　研究生

此次活动由天华建筑设计集团和东南大学建筑学院共同举办。来自本科和研究生院的四十余名同学赴上海进行了为期一天的参观交流。

活动中天华的企业负责人向同学们介绍了其所负责的项目"创智天地"的具体情况，并带领同学们赴实地进行考察，让同学们切身体会了一个项目开始、发展和落成的过程。参观中，同学们和职业建筑师就项目的实际情况进行了详细具体的问答与探讨。

通过对项目的实体考察，同学们学习到了教科书和图模之外的知识与技能，更深入地了解了建筑师在走上工作岗位后所面临的考验与所需的职业素养。这对大家今后的成长与发展裨益良多。

天华创智项目参观

南京夫子庙——相约 DC

时　间：2014 年 11 月 2 日
地　点：南京夫子庙
参与者：东南大学及南京大学建筑学
　　　　院本科生及研究生

本次活动由 DC 国际建筑设计集团和东南大学共同举办。当日，来自东南大学建筑学院和南京大学建筑与城市规划学院的三十余名同学参加了 DC 国际的企业宣讲会，并赴南京夫子庙对其改造项目进行了参观交流。

在宣讲后，同学们对于 DC 国际的企业文化和人才需求有了初步的了解，和在企业工作的学长进行交流后，同学们更加明晰了自己的学习和发展方向。在对夫子庙改造项目的考察参观中，同学们积极探索，踊跃发言，提出困惑和质疑，抒发自己的思考与见解，甚至提出了自己关于遗产保护改造和传承发展的见解和对策。

活动不仅使同学们对自己的人生规划和职业选择有了更明了的认识，更激发了大家对建筑的热情，使同学们在交流思辨中亲身感受到了建筑之美。

1.5. 校企交流系列活动现场

苏宁置业开放日

时　间：2016 年 12 月 11 日
地　点：南京苏宁总部基地
参与者：东南大学建筑学院本科生及
　　　　研究生

此次活动由苏宁置业和东南大学建筑学院共同举办，四十余名同学赴苏宁总部进行了为期一天的参观交流。

工作人员带领同学们参观了地下企业文化展览区，模型与视频结合的宣传介绍使同学们对苏宁置业的项目有了更为深刻形象的理解，苏宁公司内部的生活配套设施也使同学们感受到了企业重视员工身心健康的文化氛围。座谈交流时间，苏宁设计院院长分享了自己的设计和从业经验，另有东南大学建筑学院的学长讲述了自己的求职经历，人力资源负责人介绍了苏宁的人才需求和招聘事项。

此次活动令同学们体会到建筑设计和企业运营都需要有广阔视野和社会担当。同学们在被苏宁积极、健康、蓬勃的企业文化感染的同时，也感受到了建筑规划行业的价值与乐趣。

出行信息共享平台
Travel-Info Sharing

同学们自主自发创立起了一套连贯、完善的活动前期信息交流和后期共享体系，并由相对固定而丰富的平台媒介向更广大的学生群体传播和扩散，为更多人提供研学的便利。

南京部分

1 呼吸--中国传统文化的当代形塑展

简介："呼吸--中国传统文化的当代形塑"展，是我国首次在博物馆中有主题地引入富于中国传统文化内涵的当代雕塑艺术作品，也是首次将博物馆首次充分利用馆舍空间（室内展厅、室内公共空间与室外空间）的展览，是作为博物馆与当代活动的一次有益尝试。展览邀请了曾成钢、董书兵、霍波洋等29位中国当代著名雕塑家，经过一年多的考察与分析，创造具备中国传统文化精髓的艺术作品59件。展览取名为"呼吸"，一方面来自博物馆展览内容中对传统文化的理解及对当代造型的追求。另一方面来自对博物馆特色化与当代感的要求。

时间：2016.5.18-717
地点：南京博物院公共空间及特展馆3F11展厅（南京市中山东路321号）
费用：免费

2 可见之诗——第二届中国油画风景展-南京巡展

简介：中国人独特的根植于风景观赏的审美意识，深渊而久远。一方面以自在的饱满状态，将山居踉跄打于心，澄怀味象，以纳而为山水的纵横；另一方面以古追昔，念远怀人，以文思追怀"往者静，今者友，来者迎"的绵绵诗意。中国的山水绘画与以水诗偏的既成无边舒朗的率真回味，捕捉着中国人最富特色的风貌世界。

时间：2016.6.24-7.5
地点：江苏省美术馆新馆1、2、3、4号厅
费用：免费

3 山中美术馆

简介：本次展览的区域扩大到老外美术馆所在山区——整个老山山脉。为此，我们全部以

生活中的场景越来越杂乱，随着社会的发展，商品的种类越来越多，我们身边的物品也专得越来越多，不过由物件越来越多的物品乱堆起了我们，我们的每天在了嗯"嗯"表的，我们需要更多的时间空间，让我们每一次出门都变得轻松。每一次的阅读变得惬然，每一次立都会心随自由，零乱的文具、杂乱的衣服。我们试着把生活一个一地方把它们"藏"起来把它做到位，不经意间它们已变成了墙体，变成了屋角，让我们的生活变得有趣且更在更多的可能性。

时间：016年10月19日 – 2016年12月11日 每天 10:00 - 23:00
地点：上海 徐汇区 淮海中路999号 iapm环贸广场3楼无印良品店铺
费用：免费

印象派大师德加中国首展——舞动的艺术

印象派大师德加·德加（Edgar Degas, 1834—1917），作为印象派最著名的八大巨匠之一，艺术造诣与梵高、莫奈等大师齐名，是印象派中以传统精确素描与印象派色彩风格绝伦结合的宗师，又称为"古典的印象主义"。本次展览的30件原作大展分来自德尔捷皇家博物馆，这些作品均为德加自1880年至1912年之间的代表作品。

时间：10月15日 – 2017年01月22日 每天09:30-18:00
地点：上海 徐汇区 宜山路407号喜玛门楼国际建材品牌中心3楼 云艺术中心
费用：全国通票120元/早岛票78元（学生通票60元，仅限现场购实，凭学生证原价兑换入场）

2016 "蓬皮杜现代大师艺术展"

Masterpieces from the Centre Pompidou 1906 - 1977

上海展览中心 西二馆一楼 Shanghai Exhibition Center West Wing 2

蓬皮杜现代艺术大师展

72大师世纪探索

1.3.展讯预告

回归生活的艺术

杭州著名摄影师潘杰
《巴黎时光》系列摄影作品展

日期 DATE
2016年10月16日启幕

地址 ADD
万科·新都会1958
艺术生活示范区

"艺术，在飞与非，历史与永存，聚焦每个生动的瞬间，两者之间才会有智慧的角度。"—潘杰

潘杰抛弃了那些关于都会的宏大叙事，将镜头对准了那些默默无闻的街道，对准了那些在街头默默伫立的行人，在巴黎，每一条街道，每一个人都在书写着自己的故事，百态其实，就在其中悄然无息的流淌，让人心醉神往，这个城市复新的过程本身，即充满了强烈的艺术感。百态艺术品展，艺术配套、艺术内容的植入，刷让生活艺术如何空气一样，氤氲在每一个最易与细节之中，调动每寸无声的融入生活本体。

时间：2016年10月28日 – 2016年11月30日 每天 09:00 - 18:00
地点：杭州 下城区 万科新都会1958
费用：免费

德国摄影大师Candida Höfer个展

Candida Höfer

2016.11.6 — 12.20 ｜ 11.6 3:00

展览预告

建筑学院学生会学习部定期整合近期展览信息，并通过东南大学建筑学院学生联合会微信公众平台向同学们共享展览预告。

目前已推出的预告包罗了南京及周边城市（如上海、杭州等）的优秀展讯，向同学们提供课余外出观展的出行指南，为同学们拓展视野、提升审美与艺术素养提供了引导。

游记分享

在研学活动结束后，同学们会收集整理研学活动的相关游记、心得。经过编辑整合，通过《节点》杂志、《节点》公众号、东南大学建筑学院学生联合会等媒介与同学们进行回顾分享，让思维相互交流与碰撞。

1.《节点》刊载的学生游记
2.-4. 展讯回顾：北京设计周专题

校际交流
Inter-schools

在东南大学建筑学院完善而独特的教学体系中，同学们可以获得充足的专业知识和丰富的实践机会。然而"他山之石，可以攻玉"，在很多时候，学生们还是需要跳出熟悉的学习环境，去与其他建筑高校的同学进行交流，去吸纳不同学派的优点和长处，尝试在多元的文化语境中思考建筑问题。

建筑学院的同学们就积极地向外界伸出自己的触角，联络了南京、长三角乃至全国各地的建筑高校，共同组织了诸多互访交流活动。通过生动有趣的交谊游戏和严肃认真的研讨辩论，各校的同学们互相学习、互相促进，拓宽了视野，为共同建筑起行业的未来打下了坚实的基础。

四校联谊
4 Schools in Nanjing

时　　间：2008 年至今
地　　点：南京各高校建筑学院
参与者：东南大学、南京林业大学、
　　　　南京大学、南京工业大学
　　　　四校建筑学院本科生

与外校同学交流

四校联谊是由南京林业大学、南京大学、南京工业大学和东南大学的同学们自发创办的南京地区建筑高校交流活动，自2008 年活动创始以来，已举办了 8 年。

区别于其他高校交流活动，四校联谊更强调发展南京地区兄弟高校的手足友谊，立足于这座城市独特的社会历史背景，基于四校教学发展特色中的相似文化语境，就校园文化和专业教学展开交流和相互学习。

八年来，每一次活动都带给同学们不同的惊喜与感动。活动不但丰富了同学们的大学生活，更让大家结识众多为了同一个建筑理想而不断奋斗的兄弟姐妹。同处金陵古城的不同高校的学生们既能在交流之中找到共鸣，也能发现各自学习氛围的细微差异与特色。在这样一个专业交流的平台之上，大家思有所获、学有所得，收获了在自己的校园中难以获取的经历与体验。

外校来访
Guests' Visit

时　间：随机
地　点：东南大学四牌楼校区校园
参与者：浙江大学、苏州科技大学、三江学院、
　　　　内蒙古工业大学、西交利物浦大学等

东南大学建筑学院一直以其傲人的专业优势和深厚的文化底蕴而享誉业界，全国各地许多建筑高校的学生们慕名而来，自发组织团队来到建筑学院进行参观与访问。

多年来，东南大学建筑学院也已组织接待包括浙江大学、苏州科技大学、三江学院等多所大学建筑院系的访问团队。在与他们的交流中，建筑学院的同学们通过校园参观、讲座、沙龙、互动活动等方式全方位地向外校伙伴们展示东南大学建筑学院的学科特色与院系文化，并听取他们的见解与反馈，在交流中共进、共荣。

1.与外校同学交流
2.-4.丰富多彩的联谊活动
5.各校同学进行主题演讲

"共筑"多校交流
Interscholastic Activities

时　间：2013 年秋至今
地　点：东南大学、中国美术学院、同济大学
参与者：国内各高校建筑学院本科生

在现今的学习之中，学生们不仅需要继承传统，更需要展望未来；有必要谈论一些和课程切实相关的话题，更有必要对当下环境做出思考，对学习模式产生思辨，对既定课程体制提出批判，以引领建筑学习的新思潮。

以此为出发点，东南大学与中国美术学院和同济大学共同组织以"共筑"为主题的多校交流活动，通过各高校学生间自主自发的交流研学，探讨建筑的教学与现实发展。

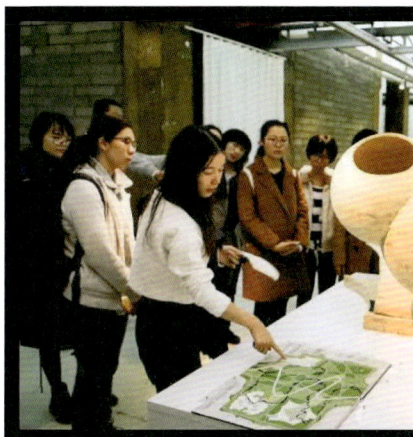

1 2 3 4 5

1. 师生交流沙龙
2. 精心设计的素拓活动
3. 4. 参观、讲解本院策划的 Kerez 设计展
5. 参观明孝陵、音乐台、河西建筑群

"共筑"在东南

2015 年 11 月的"共筑"交流由东南大学主办。本次交流深入探讨了建筑学在当代的发展。

在本次活动中，东南大学建筑学院的同学们举办了名师讲座，交流了各校教学特色，探寻城市建筑，并就当下热点学术问题进行讨论与交流。从对传统建筑文化的讨论，到对建筑教育的思辨，再到对建筑图解的研习，"共筑"交流的学术氛围越来越浓厚，学术主题越来越细化，在建筑学院和老师的大力支持下蓬勃发展。

参与本次交流活动的同学们对这次交流给予了很高的评价，他们认为活动的组织与自我展示能力很高，主题的把握、整体的完整度与成熟度都令人印象深刻，"整个活动的格调非常高"。

活动结束后，各院校对此次活动的评价也颇高，认为这是"共筑"活动的一次整体的飞跃，擦出了从未有过的思想火花。在活动中同学们看到了设计共通之处，也感受到了不同地域、不同性质的学校之间学习模式与理念的差异。本次活动为长三角地区，甚至全国的建筑学子带来了一次文化思想融合。

145

1.2.4. "建筑图解"主题讨论
3. 参与交流的同学合影
5. 建筑小游戏
6.7. 感受杭州建筑魅力

1	3	4
	6	7

"共筑"在国美

2016年11月在中国美术学院举办的"共筑"活动以"建筑图解"作为交流主题,各院校在对图纸的交流答辩中进行了深入交流。

评图环节中,代表东南大学建筑学院参与答辩的同学们匠心独运,从"盒子""分析图""简洁严谨风"等几个关键词出发,贯穿始终,简洁明了地向各位老师以及其他同学们展示了东南大学同学对于建筑图解的一番理解,和国美老师们展开了一番思想的探讨与碰撞,也得到了全场同学们的一片掌声。

在交流中,同学们感受到了不同学校之间的差异,互通有无,在交流与辩论中,同学们更明确了自我风格的优势与缺陷,也学习了他人之所长,为今后更多元的学习发展开拓了视野。

走向世界
Across the World

"东揽钟山紫气，北拥扬子银涛。六朝松下听箫韶。"一代又一代东南大学优秀学子正是从这样一块富有灵气与诗意的宝地走向世界。而正因胸怀天下这个大舞台，他们才会有志将足迹播撒向远方。他们是一群远方的信徒，因为不愿囿于一小块四方天地而踏上征程。远方更大的世界闪着诱人的光芒，唱着动人的歌，吸引着他们不断突破局限、冲出围合，铸造出更广阔的格局。无论是异乡情思抑或是文化孤独感都未曾构成阻碍。身处异乡只不过是一重新的挑战，而他们终将实现战胜与超越。

四牌楼、南京、世界、地标范围扩大的背后，是东南大学学子丰富经历的积淀。他们用脚步拓宽视野，勇敢走出舒适区，拥抱更大的世界。

建筑巡礼
Architectural Pilgrimage

学生自主赴海外游历
摄影作品

全球各地遍布着不可尽数的优秀建筑和文化遗产。东南大学建筑学院的同学们也不断地走出国界线，去往各个大洲大洋，去往拥有各种迥异文化氛围和风土风貌的地区，朝圣那些在课堂或书本中学习到的建筑案例。

这种自主的建筑巡礼使学生们得以突破固有的、主流的、他人经验的观点局限，用自己的眼睛去观察建筑，用自己的肢体与心灵感受建筑，用自己的头脑思考建筑，从而获得自己对于建筑最为真实、独立的见解。

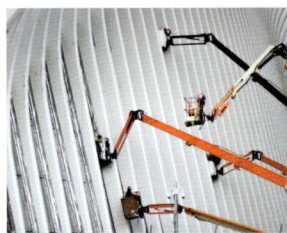

工坊之外
Beyond the Workshop

东南大学建筑学院众多优秀学子在获得海外游学资格、于工作坊学习深造的过程中，充分利用海外留学的机会，在课程要求之外自主外出参观考察当地城市建筑风貌，灵活运用专业知识考量现实案例，获取经验，并以所学反哺设计，形成了自主学习的良性循环。

行万里路

在海外交流期间，东南大学建筑学院学子们利用课余时间自行安排旅行计划，走过无数国家与城市，探访伟大的建筑作品，体验鲜活的城市脉搏。

反哺设计

在工作坊期间，许多同学自主针对课程主题进行建筑实例的拓展考察，通过反馈结果优化设计方案。这些自主考察经历同时也提升了同学们对于思维模式、设计方式、建筑与社会多元角色关系的感悟与思考。

另外，在交流课程规定的学习任务之外，许多同学还进行了各种自主探索，如运用多元化媒介，利用乐高玩具、漫画等生动的方式呈现设计的思路与成果，将课内知识与课外的自主研学有机结合，获得了别样的提升。

建筑	要点
Stone House 石屋	· 混凝土与传统石材 · 结构的延伸
Signal Box in Basel 巴塞尔铁路信号控制楼	· 随运动在变化的建筑 · 构造
Apartment Building in Basel 巴塞尔金牌公寓	· 钢、木、玻璃的连接构造 · 单廊偏折形成入口
Forum 2004 Building and Plaza 论坛2004广场	· H&D的大型公建 · 体验巨大悬挑下的感受
Apartment Building Along a Party Wall 苏黎马特大街公寓	· 镶牙式立面处理 · 有效地平面
Sculpture Museum in Giornico 吉奥尼克雕塑博物馆	· 混凝土与钢的构造 · 极简
Neues Museum 柏林新博物馆	· 光与结构 · 新旧关系 · 空间的升与降
New Entrance Building on Museum Island 柏林博物馆岛入口	· 老建筑群中的新房子 · 做为入口建筑的进入方式
Vitra Fire Station 维特拉家具厂消防站	· 体验HADID式空间语汇 · 阵的体验
Memorial to the Murdered Jews of Europe at Archiplanet 欧洲犹太人纪念碑	· 数量的力量 · 尺度、数量与气氛 · 体验解构主义
Parc de la Villette 拉维莱特公园	· 点线面的叠加
Braga Municipal Stadinm 布拉加市体育场	· 坡地上的混凝土巨构 · 建筑与地地关系
La Tourette Monastery 拉图雷特修道院	· 混凝土的粗犷与构造的细腻 · 进入教堂的过程序列
Unité d'Habitation, Marseille 马赛公寓	· 体验工业化住宅的鼻祖 · 中走廊是否舒适 · 我的网络与填充物的来源
Pilgrimage Chapel of Notre Dame du Haut at Ron-champ 朗香教堂	· 神圣的窗与光 · 混凝土的塑性
Commerzbank Tower 德国法兰克福德意志商业银行总部	· 螺旋绿色中庭 · 空中花园
Metro of Bilbao 西班牙毕尔巴鄂地铁	· 首个整体设计的城市地铁 · 高技 · 月台与换乘的空间可能性
Reichstag Dome 德国议会穹顶	· 新旧的对比与协调 · 议会的开放性意义
The Philological Library at the Free University of Berlin 柏林自由大学哲学系图书馆	· 梦幻退台的看与被看 · 覆盖式建筑
Museum Castel Vecchio 卡斯泰维奇奥博物馆	· 新旧两个独立的体系 · 新旧材料的配合对比关系
Fondazione Querinistampalia 奎瑞尼艺术馆	· 钢桥从窗进入 · 涨湖便在水中的博物馆
Jewish Museum Berlin 柏林犹太人博物馆	· 听的意境 · 看的张力 · 触的感觉
Cemetery of Igualada 英古拉达墓园	· 向Enric Miralles致敬 · 建筑与环境 · 纪念性的另一种塑造

1. 学生自主整理的建筑旅行清单
2.4. 多样化呈现方式

GOA 游学基金：意大利建筑考察之旅

2012 年在由 GOA 资助的意大利之旅中，七位东南大学学子对"人类活动对城市的形态与意义的影响与重塑作用"进行深入思考，并在返校后组织了主题为"建筑·时间·人"的照片展和分享沙龙，将所见所学所思与更多的同学进行了分享。

GOA 游学基金：日本游学之旅

2015 年 GOA 日本游学中，九名东南大学学子赴日七天，对大到城市空间、小到建筑细部的材料与构造等方面进行全面观察，研学内容包含了具象的建筑实例和抽象的氛围、"次元"、规划、历史等多个领域。

1.2.GOA 意大利考察之旅及沙龙分享
3.4.GAD 北欧建筑游学
5.-7.GOA 日本游学之旅合影及部分研究成果

寓学于游
Study Tours

时　　间：2012 年至 2017 年
地　　点：世界各地
组织者：GOA、GAD、联创、东南大学建筑设计研究
　　　　院等游学基金
参与者：东南大学建筑学院学生

GAD 北欧建筑游学

GAD 资助的北欧建筑游学连续举办了两年。团队
详细地考察了北欧的城市和建筑发展的现状，并
通过交流了解了这些建筑和城市建设背后的社会
机制。游学活动之后，大家总结了自己的实地考
察之后的收获，并召开了游学访问的报告会，交
流所见，互通所思，深入感受了斯堪的纳维亚地
区的活力与魅力。

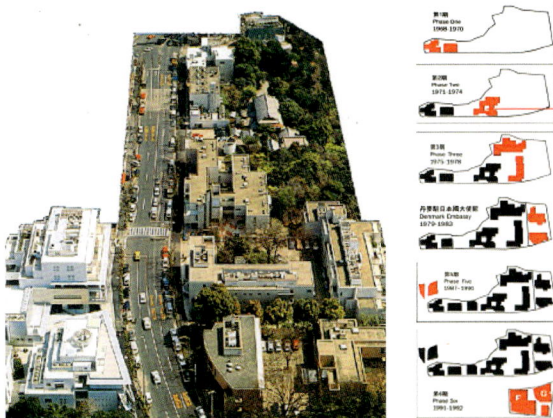

东南大学建筑设计研究院游学基金：中国东北、德国鲁尔区工业遗产探秘

2016 年在东南大学建筑设计研究院游学基金资助下，两队同学分别前往东北老工业区和德国鲁尔区对当地的工业遗产的现状进行了考察。

在德国莱茵－鲁尔工业区的游学访问中，同学们充分地了解并亲身感受鲁尔区内在的文化内涵与生态意义。他们对重点城市的绿带、绿道规划进行调研，并在调研之余阅读相关文献，丰富自身理论知识。

游学结束后，同学们思考了鲁尔区工业遗产保护的成功经验，总结出了"开敞空间－景观节点－绿道网络"的模式。另外，同学们还将调研所得与国内实践相结合，对中国特定国情下生态景观设计新思路进行了探索。

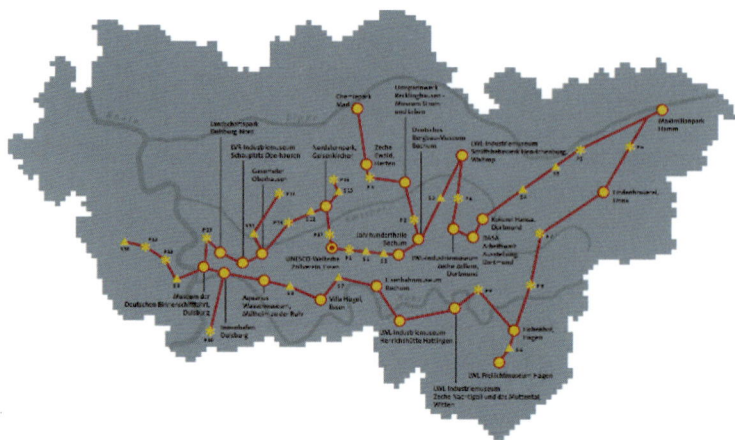

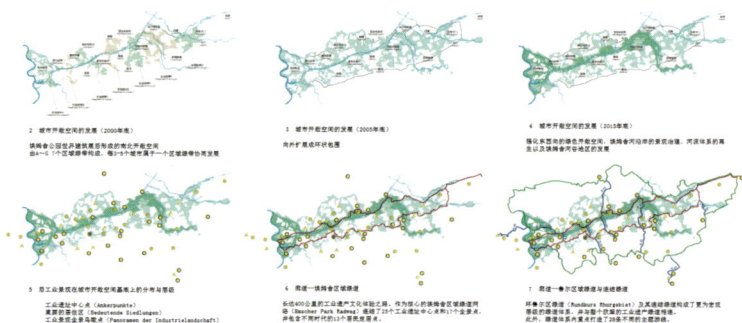

1. 德国鲁尔区游学考察地图
2. 鲁尔区"开敞空间—景观节点—绿道网络"保护开发模式分析
3. 东北鞍钢考察摄影作品

在针对东北老工业区的考察中，同学们跨越东北三省广袤的土地，寻访了沈阳市铁西区、阜新矿山机械厂、鞍钢集团、长春市一汽、哈尔滨电碳厂、哈尔滨军事工程学院旧址等一系列充满着历史记忆的工业遗产。

通过对建筑的实地考察和对当地社会人文环境的亲身体验，同学们全方位、深层次地探讨了东北老工业区衰落的原因和目前的发展问题，并对中国工业遗产的保护与发展状况进行了展望。

东南大学建筑设计研究院游学基金：
台湾地区社区营造考察

2016 年同学们在东南大学建筑设计研究院基金资助之下赴台湾地区对当地的社区营造状况开展了自主游学。同时，本次考察也意在学习台湾地区的发展经验，寻找对当下中国内地乡村建设的启示。

同学们首先针对乡建现状提出了诸多问题：乡村营造只是精英对乡村的想象，而作为乡建主体的村民却尚未能发声？乡村建设和社区营造的可持续性如何实现？……

针对这些问题，同学们首先调研了中国的乡村建设历史，并研究了台湾地区社区营造的社会历史背景。

其后，同学们先后走访了宜兰市、宝藏岩、桃米生态村等地，通过在城市和乡村多种多样的社区空间漫步游历，探寻台湾地区社区营建的成功模式和策略。

经过调研，同学们认为无论是社区营造还是乡村建设，专业者／社会工作者和居民之间的关系营造成功与否、可持续与否的关键是：实践者扮演着引导者和教育者的位置，带领居民参与其中，与自己的家乡建立起情感的联结，成为乡建的主人。

· 整体呈现出杂乱生长的面貌
· 建筑老旧，但能看出"微整治"过的痕迹
· 随处可见俏皮的艺术作品

与台大的关系

依山傍水

与城市状况的关系

4. 桃米生态村考察路线及见闻
5. 宝藏岩城市关系分析
6.-7. 宜兰考察路线及见闻

| 宜兰 |
宜兰老城行走路线

宜兰火车站
宜兴路人行道再生
天丢当森林
宜兰美术馆
护城河再造
宜兰酒厂再造
鄂王社区
津梅栈道

宜兰酒厂再造

宜兴路人行空间再生

火车站南北两侧是日据时期遗留下来的旧仓库群和铁路局职工的老宿舍，田中央在宜兴路人行再生计划中把他们保留下来，有的仓库沿街道方向将的后墙打通，内部改造成小卖部或成休息间。人行道上的水泥铺路不润断地从中区直穿过，不经意间把你带到老房子里去，有的干脆将内部隔断和装饰清理干净，做极简单的加固，把日本人留下的木构清晰地呈现出来，历史被保存，赶车人也多了个纳凉歇脚的地方。

感与悟
Reflections

山西古建筑调研

刘子彧：

在山西古建筑调研期间，我和同学们共同合作，实地考察了山西古建筑群。通过实地考察，我们直接地获取了古建筑的构造形式、保护现状等等信息。

在一个月的调研中，我们运用在课堂上学习到的速写、摄影等技能，体会到了这些技能的实用价值。同时与同学们共同出行增进了我们的友谊，培养了我们的团队合作精神和团队合作的能力，是我一次快乐又有价值的经历。

李鑫：

在这里我提升了自己的摄影技能，更通过摄影学会了如何深入观察和理解建筑，这对我今后的专业学习有着很大的帮助和裨益。

社团研学

龚悦晖：

通过阅读学长学姐们的游记，我可以了解到高年级同学有关建筑的一些认知，开阔了我的思维，让我能够预先形成对于建筑和场所的初步认知，并且学习到一些观察和思考建筑的方法。

游记共享

孙悦添：

学习部的展览预告为我提供了假期出行的选择，让大家可以方便地获取南京周边地区展览信息。同时，其他同学对于展览以及建筑实例游览的感受回顾，也能让我感受到不同的人对于事件的理解与感悟，这对于跳出自己的舒适圈和思维认识局限很有好处。

出行预告与回顾

管菲：

老苏宁的旧街还原，一步步地发展壮大，以及未来的目标，似乎这一切都步履稳健，胸有成竹。设计包括管理，拥有国际视野与宏观把握能力而不是闭门造车是设计师的必备修养。东南大学学长的交流座谈更是有趣，少年得志的自信与骄傲有很强的感染力。他的状态让我觉得建筑行业能够带来的不仅仅是对社会对他人的贡献，设计者更能从中得到自我价值的体现。有意义，有尊严，从而有快乐。

苏宁开放日校企交流

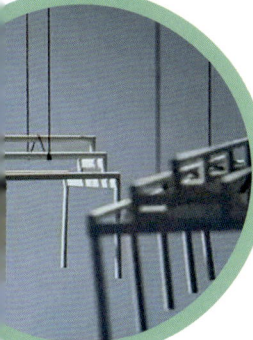

后记
Epilogue

巍巍中大院，屹立至今凡八十八载。门前的梧桐，春吐绿芽，夏蔽浓荫，秋则落木苍远，冬则凝重厚积，年复一年，默默注视着一波又一波的学子在这里出入求索。这本汇编集的出现，似乎是不经意间的一抹绿意。犹如那梧桐的青果，三三两两，成簇成团。匆匆行走的人们未必会为其驻足注目，然而不经意间的抬头一瞥，却发现那隐藏在枝头的果儿，在梧桐绿荫的呵护下，青涩中竟也这般摇曳多姿。

当代中国建设的宏大叙事，与信息时代的微观碎片，共同构成了求学的背景张力。慷慨激昂的普世情怀面临着现实冲击，快速更迭的知识网络拉长了学习时序，多元碰撞的价值判断带来了迷茫困惑。于此，没有内在的自我消化能力、辨析能力和再创造能力，是极其危险的。这更加凸显了自主性对于求学的重要意义。建筑类学科求学过程中，对方法的掌握比分数重要，对价值的凝练比结果重要，对社会的思考比知识重要。自主研学不仅是对知识的积累，对能力的拓展，对素养的提升，更是对社会的审视，对生活的畅想，对理想的追求，和对时代的回应。

建筑学院的学习生活紧张而充实，早已模糊了课上与课下、课内与课外的边界。自主研学，已然成为了生活的一部分。杨廷宝先生教诲在先："处处留心皆学问"，当下这种"留心"以更为多样的载体方式呈现，五彩斑斓。本书是建筑学院学生编纂的第一本出版书籍。在成稿的过程中，从内容的选删、图片的修润，到文字的编辑、版式的调整，学生们群策协作，各展所能，自我成长。

媒介时代使得信息的记录和传播变得容易，碎片化的生活一旦断离线索，易于迷失。在这本书中，我们欣喜地看到了纷繁表象背后的那条线索：于微筑间塑生活，于穹顶下砺品行，于游学中观天下；薪火相传，自强不息。

借用《愚园集序》最后一段，结束此书：

"春日里愚园的绿已然湮没了建筑，漫步园中，随手偶得，虽片断而有层次，虽尺幅而有况味。在这野与旷中，愚园自有因积淀而生的力量，因寂寞而就的品格。"

李向锋

东南大学建筑学院党委副书记、副院长

2016 年冬

图书在版编目（CIP）数据

知行合一·至善至新：东南大学建筑学院学生课外自主研学创新实践活动成果 ／ 东南大学建筑学院学生联合会编. —南京：东南大学出版社，2016.12

ISBN 978-7-5641-7023-3

Ⅰ．①知… Ⅱ．①东… Ⅲ．① 东南大学建筑学院-课外活动-经验 Ⅳ．①G642.45

中国版本图书馆CIP数据核字（2016）第 323818 号

出版发行：东南大学出版社
社　　　址：南京市四牌楼 2 号　邮编：210096
出 版 人：江建中
责任编辑：戴　丽　魏晓平
文字编辑：贺玮玮
网　　　址：http://www.seupress.com
电子邮箱：press@seupress.com
经　　　销：全国各地新华书店
制　　　版：雅昌（南京）艺术中心
印　　　刷：上海雅昌艺术印刷有限公司
开　　　本：787 mm×1092 mm　1/16
印　　　张：10
字　　　数：278千字
版　　　次：2016年12月第1版
印　　　次：2016年12月第1次印刷
书　　　号：ISBN 978-7-5641-7023-3
定　　　价：68.00元